遊走香港屋邨誌

● aikosan 著

萬里機構

推薦序

我始終認為，人不能沒有根。特別是當四處遊歷的機會多了，離開得多，我們才會思考自己的「根」究竟是甚麼。

我從出生就住在樂華邨，住到十八歲半才搬到藍田，以現時歲數來看，人生有超過一半的時間，我都在樂華度過，對我來說，這裏有很多珍貴的回憶。就算之後搬進藍田，也住了十年多才搬到將軍澳，奇怪地，我卻沒有對藍田有很多依戀。政府把藍田北的巴士總站改建成住宅，心裏只有些怨言，卻沒有太大反應；但若然把樂華商場外的巴士站改建成大廈，我就可能參與聯署與靜坐反對。

搬離樂華邨後，我回去的次數也很頻密，有時想不到要吃甚麼午餐，便會駕車回去找餐廳；與中學同學聚會，大家選擇不到餐廳，彼此都有默契，直接回到樂華邨便好了。對，我十八半歲前的生活，一切都在這裏，出生、成長、讀幼稚園、小學、中學、最好的朋友、街坊，都在這麼一條細小的觀塘屋邨裏。連打羽毛球，都是在樂華社區中心禮堂裏學懂的。

我認定樂華邨是我的「根」，皆因我每次有事情想不通，也會回到樂華商場天台後樓梯的一角，那個能遠眺淘大花園的一隅。看着看着，有很多事情就想通了。我不是說樂華邨有着神奇的魔力，而是，就算我生活多苦，在外面面對了多大的困難，永遠都有這麼一個避風港。至少，香港總有一個地方能讓我回頭，我能為它回來。這裏，有燈就有人。

直至現在，我也搞不清楚，為甚麼有人會喜歡樂華邨停車場天台那個藍色「時光隧道」（我稱之為牆）。那個地方，不過是小時候一群街坊、小學初中同學圍在一起玩氣槍的地方，四處都是尿壓味，亦只是個街坊們把被褥拿來晾曬之地。當然就是韓國男子

組合 GOT7 來拍了個 MV，把地方推紅了。現時熱潮減退，那些藍色的牆，補過了的油漆又變黑了褪色了，來打卡把它當寶的人減少了，但把樂華邨當寶的人，卻增加了。

後來，我真的在想，世界就是這樣，我這樣醜的人也被漂亮的女生看上，皆因人家都在它身上看到了我看不到的「好」，繼而把它當成寶。不就是這樣嗎？我把那些不起眼的荒廢之地視為珍貴的電影場景，人家轉個頭來笑着喊：「也不就是一塊爛地？有甚麼好影？」同樣地，人家把公共屋邨當成草，但這裏有你們把它當成寶，才會有《遊走香港屋邨誌》的出現。

不用再怕別人的言論與目光，屋邨就是有着自己的特色，也與我們的回憶連繫在一起。感謝 Aiko，就留了這麼一口氣，為我們點一盞燈，有燈就有人。

HEBEFACE
Youtuber

3

自序

爲何要遊走香港屋邨

香港有接近一半人口都是居住在公共屋邨，而我也不例外。

我就是在香港公共屋邨長大的。

但説實在的，年少時的我跟不少人一樣，對自己住的地方並沒有很強烈的感覺或感情，畢竟當時的我住在一式一樣的和諧式大廈，感覺自己好像只是填充了眾多格子的一格，沒甚麼特別。

讓我開始對屋邨有感情，甚或開始選擇遊走香港屋邨作記錄和嘗試自行研究，一切得從 2014 年説起。

當年的我大學畢業不久，進了一家自己夢寐以求的雜誌社工作；進到雜誌社不久，編輯大人就説日後同組同事要定期負責一個欄目，講述的正正就是香港的公共屋邨。

本來我也只視之為工作的一部分，但每次因工作關係而遊走屋邨，才發現屋邨的建築、歷史、街坊故事，以至屋邨獨有的日常風景，原來一切都比以往認知的吸引得多。

後來欄目沒有了，我卻開始多了留意香港屋邨，不過要有系統地遊走及記錄香港公共屋邨的念頭尚未萌芽。直到疫情以後，身邊多了朋友移民，自己卻不能出國旅遊減壓，加上當時自己離開了傳媒界，每天工作就是為公司為客戶撰寫文案，寫的並非自己最喜歡的，加上香港四周環境變得太快太多，心情着實很壓抑很鬱悶。

「我想趁空餘時間寫自己真正有興趣的東西，同時為香港做點記錄」，這就是當時的我在腦海中浮現起的念頭。

恰巧看到香港有學者趁疫情期間遊走全港屋邨作記錄，覺得很有

意義和有趣，我也很想嘗試以自己的步伐，一步一步走遍全港逾250個屋邨，記下當刻香港屋邨的景象。於是，網誌「遊走香港屋邨誌」在 2022 年 6 月就此誕生。

「遊走香港屋邨誌」開設了兩年有多，至今尚未完成遊走全港屋邨，目前只探尋了接近 200 個屋邨（苦笑）。原因很簡單：我不想將興趣變成日常工作，行禮如儀，寧可需要休息時就休息，慢慢細味及從中感受遊走屋邨的美好。

畢竟在出版界方面，我是初出茅廬，要感謝的人實在很多很多，要不是他們的幫忙，相信這本書亦不會面世。首先在此特別鳴謝出版社萬里機構，尤其要多謝勞苦功高的 Danny 和責任編輯 Iris。

另外，還要感謝我的前夫兼經理人小天，沒有他的實用建議，相信我只會一直迷失。此外，還有要特別多謝梁家朗，我的精神支柱，又陪我到不同屋邨補拍相片，這些日子以來辛苦你了。

當然，還少不了多謝為本書寫序，不下於一次仗義幫忙的 Hebe。

還有多位好朋友要特別鳴謝，如提供了很多實用屋邨資料的 Billy Wong，還有 Eunice Chow、Tea Lam 和神婆 Celia Chan，還有我的家人，尤其是媽媽、大家姐和 Meiji，你們無條件的支持實在讓我感動不已。還有在我低潮期間陪伴及支持打氣的一眾「遊走香港屋邨誌」街坊們，真的很感激你們的一直陪伴。

aikosan

作者簡介

aikosan 簡佩珊

畢業於嶺南大學中文系，

曾任雜誌記者及負責數碼營銷工作，現職編輯。

於 2022 年設立「遊走香港屋邨誌」專頁，

以文字照片記錄今日香港公共屋邨面貌，

趁一切尚未完全消失。

目錄

第一章

始於腳下 ——
公共屋邨的開端 / 22

1.1 模範邨
靜謐年代及城市變遷的故事 / 24

1.2 石硤尾邨
混亂但絢爛的屋邨博物館 / 34

1.3 漁光村
快將重建的房協現存最老舊屋邨 / 46

第二章

那些劃時代的屋邨 / 58

第三章

房屋實驗室 ——
嘗試再創新 / 106

第四章

褪不了的
西方殖民地色彩屋邨 / 162

第五章

香港小故事的縮影 / 208

導論
一切由香港屋邨歷史開始說起

在落筆和決定撰寫有一本有關「遊走香港屋邨」的書時,我首先想到的就是——此書的讀者。大家也許會在日常生活中接觸過香港屋邨,可能就是居住其中,也可能從新聞報章報道,或不同社交媒體平台等有所見聞。然而,大家未必很深入的知悉有關香港屋邨的歷史、特色和知識,或充其量是知其一不知其二。

「你對自己正在或是曾經居住的地方以至社區,理解和知道多少?」我曾問過身邊不少朋友,他們的反應很是一致,同樣是一時語塞,說不出話來。

那麼,就不如利用本書,帶大家由淺入深的理解和探索香港的公屋世界,用猶如去外地旅行參觀景點的視角,從中認識景點背後的故事。而最容易入手了解香港公屋多年來發展的方式,相信就是從它的歷史和周邊種種事物說起。

何謂公共屋邨

在遊走香港公共屋邨前,當然先要理解何謂公共屋邨。世上對於公共屋邨一般都以「公共房屋 / 公共住宅」(Public Housing)或「社會住宅」(Social Housing)稱呼,一般指的是由政府直接興建,或是委託第三方,如公營機構或非牟利機構興建的住宅。當然,各地方都有不同的專門稱呼,例如日本稱為「団地」(だんち)、英國稱為「福利房屋」(Council Housing),至於台灣地區稱之為國宅或公宅等。

至於香港的公共房屋,較常聽到的稱呼有「公屋」或「屋邨」,是經由香港政府、公營機構(如香港房屋委員會,下稱「房委會」)、非牟利機構(如香港房屋協會,下稱「房協」)、或志願團體為低收入市民而興建的公共房屋。基本上,香港公共房屋可劃分成出租永久房屋、資助出售房屋、出租臨時房屋三種,而本書集中討論的,則是出租永久房屋

部分，現時有房委會、房協及香港平民屋宇有限公司三者提供出租永久房屋，他們負責興建及營運房屋，並以低於市價租金予市民入住。故此，上述三個團體機構所負責的出租永久房屋，都會被視之為香港公共屋邨一部分。

截至 2024 年 6 月為止，香港共有 259 條公共屋邨，當中已扣除已清拆之公共屋邨，這實在是一個相當龐大的數字。

香港公共屋邨的前世今生

許多人都以為香港屋邨的起源，是源於 1953 年一夜的石硤尾大火。但其實早在石硤尾大火前，香港已有不同的志願團體，因應香港人口在當時戰後膨脹，加上生活環境質素惡劣，而開始興建不同的廉租屋邨，即現時的公共屋邨前身。故本書的第一章「始於腳下 —— 公共屋邨的開端」，就是述說首個政府負責興建營運的公共屋邨石硤尾邨，以及比它更早規劃和落成的屋邨 ——

模範邨（現存歷史最為悠久的公共屋邨）及漁光村（另一個極為重要的香港公共房屋組織「房協」，其現存歷史最為悠久的屋邨），讓大家可用腳步，親身認識香港公共屋邨的前世今生。

遊走完奠定香港公屋發展基礎的屋邨後，就引伸到第二章 ——「那些劃時代的屋邨」，看看從最初公共屋邨只單純為解決市民的住屋需要，到一步步建立今日香港公共屋邨的模式。由大廈樓宇類型的變更，到在屋邨內建立自給自足小社區及商場、冬菇亭等，以至進一步綠化美化屋邨環境，可見香港公共屋邨在這些年來不斷進步。事實上，香港公共屋邨無論是交通以至民生配套及規劃，在世界公屋發展中都名列前茅，甚或有帶頭示範的作用，那些被稱為劃時代的建設可謂不無原因。

看過劃時代的建設後，當然還要宏觀香港公共屋邨在多年發展的黃金時期。在 1970-80 年代，社

會逐漸面對家庭結構的轉變，同時人口繼續不斷上升，香港經濟開始起飛，市民亦開始追求更佳的生活品質。本書的第三章「房屋實驗室——嘗試再創新」正是希望讓讀者看到不論是大廈樓宇類型，以至公共設施等，政府和相關建築師都為屋邨引入更多大膽的新嘗試，例如在屋邨內開設戲院，甚至游泳池等，可跟私人屋苑的環境及設施媲美，雖然並非全部的實驗都成功，也不是每項建設在日後都有被廣泛採用，卻因當時的實驗精神，讓香港公共屋邨不再單一，不論在建築以至設施配套上，都百花齊放。

屋邨建築百花齊放

本書亦提及到不同屋邨大廈的類型。因應社會發展及人口結構等要素，香港的屋邨大廈在這些年來，經歷了進化再進化的階段。徙置屋邨時期最早出現的第一至六型大廈，單是它們，外觀上已有着明顯的變化，如第一、二型呈現「H字」般的形狀，只有七層高，然後有長形、「L字」和「T字」等形狀的第三至六型出現，後來更有第七型（Mark VII），又稱舊長型大廈（Old Slab），主要為長條形設計，樓高更可多達28層，而本書提到的石硤尾邨、華富（一）邨、瀝源邨、愛民邨和荔景邨，都擁有第七型大廈。

在徙置大廈發展的後期，人稱「井字型」公屋的雙塔式大廈（Twin Tower）亦在1970年，首先在華富（二）邨出現。雙塔式大廈由「香港公屋之父」廖本懷先生設計，大廈高低兩塔雙連，從高處俯瞰這雙塔大廈恰似「8」字，而且每個「塔」都設有巨大天井，成為不少攝影愛好者的拍照熱點。雙塔式大廈於1970-80年代經常被應用，可說是香港屋邨樓宇類型的標誌之一。

繼雙塔式後，另一極能代表香港公共屋邨的大廈樓型，就是Y型大廈（Trident Block）。Y型大廈又稱「三叉型大廈」，細分的話更可分為Y1至Y4共四款，

↑ 石硤尾邨的第七型大廈。

↓ 愛民邨的雙塔式大廈。

外觀和單位佈局兩方面因款式而有所不同。其橫切面呈「Y字」形，三條翼樓由中央電梯大堂放射而出，故此從外觀看也可清晰見到三叉型。而且Y型大廈的樓宇高度比雙塔式更高，大部分的標準Y型大廈樓高35層，比雙塔式的最高28層還高出7層。

與Y型同期發展而受到廣泛應用的，還有工字型大廈（H Block）。顧名思義，其橫切面呈「H字」形，一般樓高26至28層，當中更可細分單座工字型（Single-H Block）、雙連座工字型（Double-H Block）及三連座工字型（Triple-H Block）。

由於人口急劇上升及家庭結構轉變，公屋大廈的樓宇類型慢慢產

←⋯ 樂華邨的Y型大廈。

↑ 美林邨的三連座工字型大廈。

興耀樓

興平樓

↑ 大興邨的大十字型大廈。

生變化，並衍生出不同類型的大廈，部分被廣泛應用，部分因種種原因而顯得罕見，例如本書介紹的大興邨就採用鮮有的大十字型（Cruciform Block）、勵德邨採用圓筒形設計（Bicylindrical Block）、祖堯邨啟敬樓採用錯層式設計、石圍角邨則有「I型」大廈（I Block），還有本書未能盡錄的坪石邨單塔式大廈、新長型大廈（New Slab Block），至近年常見的和諧型、新十字型和非標準大廈等。

從屋邨見中西交融的港式文化

說香港歷史，當然不得不提及中西合璧的獨特文化狀況。這種特色在香港公共屋邨的發展路上亦有跡可尋，部分更將中西兩者特色都融入了在公共屋邨的設計當中，除了點綴環境、讓社區更富標誌性，也讓市民可藉此建立起他們對社區的歸屬感，一些中西融合特色設計的屋邨，更奪得建築獎項，備受肯定。大家在遊走屋邨時，不妨多多留意，藉此了解自己的根及其難能可貴之處。

除此之外，透過遊走屋邨，更可以此窺探當時的社會發展，以至當時社會特有的現象和其他歷史小故事；那些故事是許多教科書都未必詳細提及到的，如今我們卻可以唾手可得──透過親身遊走屋邨這種方法，感受歷史遺留下來的痕跡，因此本書第五章「香港小故事的縮影」就揀選了其中數個承載着有趣的香港故事的屋邨，帶大家一起遊歷。

旅遊的意義，對每個人而言都可能不盡相同。但我相信一句好土氣但真切的話：讀萬卷書不如行萬里路。行萬里路所說的不只是去外地旅遊，即使人在香港，也可以到訪各區各處，感受那裏的歷史和美好記憶。在現時流行的打卡拍照之外，大家也可透過遊走香港屋邨，一步一步地了解自己所居住的地方，了解陪伴自己成長的社區，並發掘一種獨特的旅遊意義，探索香港的另一面。

始於腳下

──公共屋邨的開端

想用腳步認識香港公屋發展，可以先到在香港屋邨發展中較為重要之屋邨，例如全港現存最老舊屋邨、政府公共屋邨的發源地以及房協現存最老舊屋邨等。

逾半世紀歷史，始於你我足下。

第 一 章

静謐年代及
城市變遷的
故事

1.1 模範邨

在香港這片土地上，模範邨靜靜地講述着它的故事，它不僅是一個公共屋邨，更是一段時光的凝結。經歷了逾七十個春夏秋冬，模範邨見證了香港從簡陋到現代化的居住條件變遷，承載了無數家庭的夢想與回憶。模範邨是香港現存歷史最悠久的出租屋邨，每一磚每一瓦，都滲透着時代的印記。

1952 年，模範邨作為香港第二個出租屋邨正式落成，位於北角的它不僅比石硤尾邨出現得更早，也象徵了一種全新的生活方式。由香港模範屋宇委員會建造，模範邨得到當時港督葛量洪爵士夫婦的巡視認可，反映了政府對提升民生的重視。單位設計上，它提供了包括獨立起居室、廚房、衛浴設施及私用露台等私人空間，以及籃球場和花園等公共設施，既體現了對居民生活品質的關懷，也成為香港屋邨發展的先驅。

在這個變幻原是永恆的都市中，模範邨在這些年來經歷無數變遷，如今已如同一位年華垂暮的老人，靜靜地守護着這片土地上的記憶與夢想。它的存在，不僅是對過去的一種追憶，更是對未來的期待和想像。

你所不知道的 模範邨小故事

香港第二個及現存 歷史最悠久出租屋邨

它是繼已拆卸的上李邨後，第二個在香港出現的出租屋邨。模範邨於 1952 年落成，比 1953 年因聖誕夜發生大火而興建的石硤尾邨還要早出現呢！它也是香港現存歷史最為悠久的出租屋邨。

由志願團體興建

屋邨由一個建屋志願團體「香港模範屋宇委員會」（Hong Kong Model Housing Society）籌劃及興建。

白領人士住宅？

早期的模範邨為廉租屋邨，主要為入息較優的白領人士提供廉租大廈住宅。

港督也重視

時任港督葛量洪爵士夫婦，曾於 1952 年巡視剛剛落成的模範邨新建樓宇，可見政府的重視程度。

重建計劃擱置多年，是有神秘原因？

模範邨在 1960 年代末決定重建，原定重建計劃分為四期，而第一及第二期是順利完成的，但香港模範邨委員會在 1970 年代末出現變故，據《工商晚報》在 1980 年 1 月的報道：「模範屋邨會一前任經理擅離職守三月未上班」，以致無法分配單位；同時，早於 1979 年 11 月，房委會「應模範邨委員會要求，接管該邨。」故此房委會至今仍為物業代言人，負責屋邨內的管理，但模範邨土地及大廈業權則仍然由香港模範屋宇委員會持有。可是，根據樹仁大學學生報《仁聞報》在 2006 年的報道，「房屋署在接管模範邨時，已無法取得原有物業記錄，加上該屋委會解散前，從沒有發行年報等刊物，因此令人無法了解邨內過去的發展。」這除了令原定的第三及四期重建工程至今一直擱置，更為香港模範屋宇委員會和模範邨的歷史添上點點神秘色彩。

若要形容模範邨，筆者會形容它宛如一個寧靜的港灣，靜靜地講述着自己的故事。這個自 1952 年便佇立於此的屋邨，承載了數代香港人的生活記憶與情感，見證了這片土地從過去到現在的演變。

昔日模範邨的誕生，源於一群志同道合者對改善生活環境的共同願景。這份願景透過每一棟建築的細節設計得以實現，從那些設計用心精巧的起居空間，到那私人露台等等，每一處都彷彿細語着對家的深情厚意。這不僅為住客們提供了一個溫馨的避風港，更悄悄地將一份對美好生活的追求植入每個人的心坎。

↓ 民祥樓（E 座）入口，它是在 1953 年就已落成，樓高只有六層。

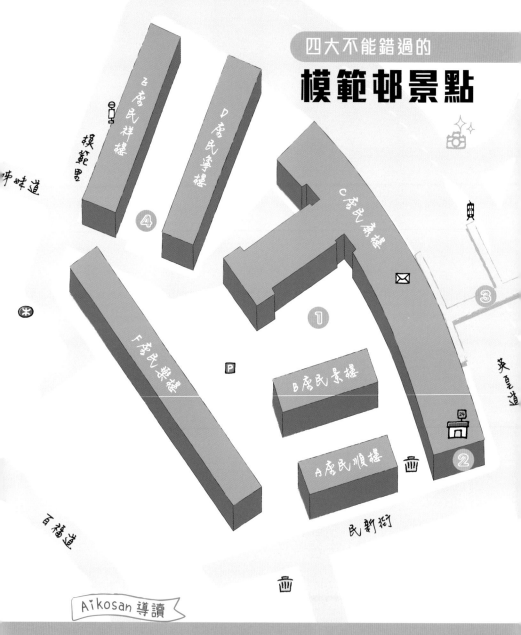

四大不能錯過的
模範邨景點

E座民祥樓

D座民壽樓

C座民壽樓

模範里

幸味道

④

F座民樂樓

P

B座民景樓

A座民順樓

英皇道

③

②

④

民新街

道

Aikosan 導讀

作為香港現存歷史最為悠久的公共屋邨，卻因為種種原因及誤會，讓模範邨在過往的香港公屋歷史發展上，一直都保持低調。事實上，模範邨雖小，但它背後的歷史卻相當有趣而且曲折離奇，今次一於探索模範邨，去揭開它的神秘面紗，同時發掘其有趣的一面。

↑ 站在民康樓與民景樓之間，其實也可以拍攝到類似「怪獸大廈」般的壓迫感效果！

① 迷你版

「怪獸大廈」

港島東的著名景點「怪獸大廈」，由海景樓、海山樓、福昌樓等組成，它們密密麻麻、不同顏色的外牆，及呈 U 字形的樓宇外貌，吸引不少本地年輕男女，甚至外國遊客都趨之若鶩前往打卡。但原來有個迷你複製版就在同區的模範邨？

雖然模範邨外牆顏色較為統一，而且大廈密度亦不如「怪獸大廈」般緊密具壓迫感，但若細看，就會發現位於民景樓、民順樓和民康樓背面之間，剛剛好呈現 U 字形排列。畢竟模範邨是在 1950 至 1970 年代期間落成，當時的建築條例不如今日般嚴謹，樓與樓之間的距離限制沒那麼大，導致該三棟大樓之間的距離極為接近，雖然未至於壓迫得成為一個巨大天井，但若用相機或手機借角度拍攝，也可拍攝到類似「怪獸大廈」般的效果！

↑ 模範邨 C 座背後的「未完成歷史痕跡」。

② 歷史的痕跡

最舊屋邨內最悠久的大廈

正正就是上文提及到的民順樓（A 座）以及民景樓（B 座）兩棟！民順樓及民景樓於 1952 年落成，是公共屋邨中最早期落成的其中兩棟大廈。

不相信嗎？你可以走到接近民康樓一端的背面看看，你會找到一些有趣的「未完成的歷史痕跡」：在 1970 年代時民順樓和民景樓的部分單位，連同昔日的 C 座全座在當時要拆除；拆除後騰出的土地，就用來興建全新的 C 座（即今日的民康樓）。所以，現在只要走到上述位置，還可見到當年「拆了一半」的情況呢，相當有趣。

ⓐ 從英皇道行人天橋觀看的模範邨，可謂別有一番味道。

ⓑ 從模範邨拍過去英皇道行人天橋，也可以拍到好看的相片！

③ 我從模範邨外天橋

看英皇道風景

有時觀賞屋邨，不一定要身處邨內觀賞，若嘗試轉一轉角度，也許可發掘到屋邨的不同面貌。模範邨正正就是可印證這點的例子。

模範邨位於北角與鰂魚涌之間，外面就是車水馬龍、人來人往的英皇道。模範邨隔壁有一條跟屋邨色調和諧的白身紅欄行人天橋，站在天橋上望向左邊，正是又高兼單位窗口密密麻麻的民康樓，右邊則是商業大廈與「大酒店」香港殯儀館，中間有數條車路夾雜兩條電車車軌，偶有電車「叮叮」走過，馬路上又有熙來攘往的車輛，但在此你不只不覺壓迫，反而出奇地感到放鬆，能感受到模範邨獨有的旺中帶靜，甚或有些舒適愜意的感覺，實在微妙得很。

④ 屋邨內的
窩心童趣壁畫

雖然模範邨位處市區，面積算
不上大，絕對不是大規模的
屋邨，但你會在此找到點點如
家般溫馨的感覺，亦能從此感
受到居民對屋邨的歸屬感和喜
愛。在只有六棟大廈的屋邨
內，不難發現屋邨內的壁畫比
例，跟其他屋邨相比，可說是
相當高 —— 起碼筆者就找到

四幅了，其中三幅是在民康樓近民寧樓的地下，還有一幅則是在民
祥樓與民寧樓之間。

畫作算不上極之 instagrammable，甚或可說是有種「raw raw 哋」
的感覺，一看就知道是出自幼稚園生或小學生的手筆；不過，這種
充滿童趣的壁畫，反而感覺更為實在和貼地！雖然繪畫的內容不外
乎是保持屋邨清潔和實現綠色生活等，但看着那些壁畫，我相信小
朋友的畫筆下，確實是對自身社區有着美好的願景，這跟當初香港
模範屋宇委員會興建模範邨的願景一致：為市民、為社會帶來更美
好的生活。

遊走模範邨小心得

所謂「心態決定命運」，其實遊走屋邨也不例外。

要遊覽這條香港現存最悠久的公共屋邨，我相信要先調整遊走的心態。說實在，論打卡，模範邨絕非一般典型的打卡屋邨，沒有五彩繽紛，或是極為搶眼吸引的元素；加上模範邨面積不大，而且全程平路，基本只須 15 至 20 分鐘就能逛完，若單純以打卡心態遊走模範邨，相信很快就會敗興而回。

但如果換一換角度，從「到屋邨打卡」扭轉成「行屋邨了解屋邨」，仔細感受建築師在規劃時的用心，還有尋找一些平常人較為少見的東西，或發掘較少人知曉的角度，你就會發現，這個小小的屋邨原來都有不少有趣和值得細味的地方呢！

屋邨資料

模範邨 (Model Housing Estate)

屋邨類型
房委會出租屋邨
地點
香港北角英皇道 770 號
落成年份
1952 年、1953 年、1973 年及 1979 年
樓宇數目
6
樓宇類型
非標準型、舊長型
樓宇名稱
民順樓、民景樓、民康樓（1）、民康樓（2）、民寧樓、民祥樓、民樂樓
* 備註：民康樓（1）及民康樓（2）屬同一大廈。

建議交通路線

港鐵
乘港鐵至鰂魚涌站並從 C 出口出發，步行約 1-3 分鐘即可到達。
巴士
可乘搭巴士路線 2 / 2A / 8H / 18X / 77 / 81 / 82 / 99 / 722 / 102 / 106 / 116 / 608 / 613，並在「模範邨」（英皇道）下車。

混亂但
絢爛的屋邨
博物館

1.2 石硤尾邨

所謂「大隱隱於市」，位於深水埗石硤尾的石硤尾邨，是一個
必須提到，並在香港公屋發展史上肯定佔一席位的屋邨。若想
以較為深入的角度認識和了解香港公屋的發展史，石硤尾邨絕
不可以缺席！

縱使多年來，石硤尾邨在市區都是低調的存在：它不如彩虹邨或南山邨般，有着極為搶眼鮮明的打卡拍照位，亦不如華富邨和勵德邨般，坐擁令人為之羨慕的宏偉美麗風景，但只要慢慢遊走，並用心仔細觀察，你就會發現它原來是香港公屋中的一塊瑰寶。一幢幢的大廈，一間間的屋邨小店，背後承載的是年代不一的過去，如果慢慢將多段過去拼湊連結，就會得出活生生的香港公屋發展歷史及變化。

你所不知道的 石硤尾邨小故事

政府首次正式參與！

它是香港首個由政府興建的公共屋邨，在香港公屋發展史上有着劃時代的意義。

徙置屋邨之首

它同時是香港公營房屋的歷史上首個徙置屋邨。

改變歷史的聖誕大火

公共屋邨出現的原因，相信不少人都有聽說過，就是源於 1953 年聖誕夜的石硤尾大火。當時大火把石硤尾寮屋區全部吞噬，極多居民因此失去家園，政府於是快速在火災原址興建臨時性質的

「包寧平房」[1]，以安置災民；接着在 1954 年起的數年間，再在石硤尾興建 26 座六至七層高的 H 型徙置大廈，由此揭開香港公屋歷史的新一頁。

多套電影拍攝場景

石硤尾邨的老舊特色，吸引了不少電影在此取景，包括吳宇森的《喋血街頭》，以及陳果的恐怖電影《三更之餃子》。

一與一萬

石硤尾邨是九龍西及深水埗區首條及目前唯一提供過萬單位的公共屋邨。

1　取名自時任工務司包寧（Theodore Louis Bowring）。

最後一批

石硤尾邨的第 21、23 及 24 座為全港最後一批落成的第七型徙置大廈，於 1982 年 9 月才獲發入伙紙。

浩瀚的重建工程

隨着市民對居住環境要求日高，及社會人口結構和需要轉變，石硤尾邨於 1973 年開始改建及重建工程，共分七期進行，橫跨了逾 40 年時間。

石硤尾邨可説是活生生的香港屋邨發展歷史博物館。

説它是博物館，全因走進邨中，你就可看到不同時期落成的公屋大廈，縱然未算齊全，但也勾勒出香港屋邨發展史的雛形了 —— 在 1954 年興建的美荷樓屬第一型徙置大廈；到 1979 年興建，現時仍保留數字為名稱的第七型徙置大廈；至 1980 年代的舊長型大廈；另有 2000 年代至 2019 年興建的非標準型大廈，屋邨大

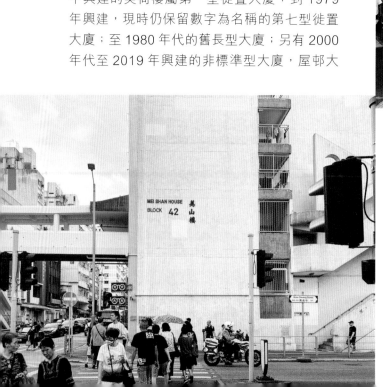

廈落成足足歷時逾 60 年之久，讓這個屋邨地圖新舊交集，既混亂又絢爛。

這個屋邨博物館的展品擺放稍嫌條理不足，因為你眼前可見到舊式大廈，但身後一條馬路之隔，看到的就是樓高三十多甚或四十層的典型密集高樓，把你硬拉回到現代。站在馬路中間，看着兩排風格迥然不同的大廈，竟有種巨人與矮人並列的感覺，也讓人有種短時間內反覆躍跳至不同時空之感！

四大不能錯過的
石硤尾邨景點

筆者會形容遊走石硤尾邨，是一個很獨一無二的體驗，因為它很混亂 —— 一條屋邨內，多棟大廈的歷史橫跨逾 50 年，但在屋邨內如何分佈，則沒有規律可言，大廈設計往往是一街之隔就有不同，着實讓人眼花繚亂；石硤尾邨同時是一個薈萃，一次過匯聚多個年代、不同樓型的大廈，讓人可一次過盡覽香港公屋在這些年來的歷史及發展。

↓美荷樓內設有香港公共房屋歷史主題展覽，值得一看。

① 極珍貴及全港唯一！
有關美荷樓的故事

提到石硤尾邨，當然不得不提美荷樓。今日的美荷樓已活化成青年旅舍，雖然翻新後它已換掉鮮橙色的「外衣」，但建築設計的核心仍然保留着，從外觀就可一眼看出——獨一無二的第一型徙置大廈。

它是全港僅存的第一型徙置大廈，有着極為重要的歷史意義。美荷樓內更設置了有關香港公共房屋發展史的展覽，以圖像、影片、模擬單位及情景等，一一展現這些年來的香港公共房屋面貌。對公屋歷史及發展有興趣的朋友，當然不可錯過呢！

↑ 石硤尾邨第 22 座，是少數沿用數字作名稱的屋邨大廈。

② 少數保留大廈數字非沿用名稱！

第七型徙置大廈

遊走石硤尾邨時，可以仔細留意一下多座大廈的名稱。較細心的讀者，可能已發現當中部分大廈沒有名稱，只有大廈座數編號。事實上，現時筆者很喜歡看起來只有十數層，仍保留數字為大廈名稱的第七型徙置大廈。最記得那厚而長身的大廈，其純白色的牆配上接近薰衣草的紫色線條，還有深灰和卡其色相間；更重要的當然是大廈多個位置都大刺刺地標上相應的編號，簡約而鮮明。每當經過第七型徙置大廈，看着當中一戶戶偌大的騎樓連窗口整齊地排列着，就如一格格的百子櫃；有的住戶會種植數棵小花植物點綴，當然大部分人都選擇晾曬衣服，甚有一眼就看到數百種生活日常的感覺。

③ 商場非商場

石硤尾商場

石硤尾邨另一有趣地方，就是民生購物的聚腳點：石硤尾商場。

起初筆者被它「商場」這個名字騙了，以為是類似今日常見的屋邨商場格局——即是乾淨有冷氣，內有間格分明的多間店舖，但實際上石硤尾商場是由上層的街市、地舖和平台熟食檔構成，混雜一片，構成獨有的氣氛。

商場外圍都是車水馬龍的馬路，盡是餐廳、麵包店、眼鏡店、辦館、小食店等等。但走進去，就會看到所謂的商場，就是濕漉漉的舊式街市。街市宛如一個迷宮，只見密密麻麻的攤檔營業，賣着蔬果、鮮魚、鮮肉、糧油雜貨和紙紮用品等。即使街市中央有天井嘗試採納自然光線，但畢竟四四方方的街市面積太大了，着實照耀不到每個角落，加上街市那偏黃而昏暗的燈光，讓一切看起來就是如此濕漉漉而不清晰。然而，在這裏你定會感受到街坊生活日常的強烈氣息，而且很自然就融入其中。

④ 由工廠大廈蛻變成文化基地
賽馬會創意藝術中心

如果是藝術、市集或文化愛好者，相信都不會對賽馬會創意藝術中心（JCCAC）這個名字感到陌生。事實上，這個文青至愛的集中地，原來是由屬於石硤尾邨的石硤尾工廠大廈活化而成！石硤尾工廠大廈於 1977 年落成，它的興建是為了配合香港當時旺盛的輕工業發展。但隨着香港輕工業逐漸式微，在千禧年之際，工廈單位就逐漸被丟空。後來，這幢政府工廈經過活化改建，搖身一變成為創意藝術村及藝術中心，更榮獲香港建築師學會 2008 年的「全年境內建築大獎」。

↑ JCCAC 外觀難得保留了工廠大廈時期的外貌。

遊走石硤尾邨
小心得

從遊走及體驗香港屋邨的角度而言，筆者認為石硤尾邨是難度較高的一個，在預留遊走時間以至規劃路線方面，需要較花心神注意和處理。

因為擁有 22 座大廈（包括美荷樓）的石硤尾邨，面積大、大廈分佈鬆散，大廈與大廈間被多條馬路隔開，而且又未有天橋能接駁整個屋邨，走在遊人如鯽的深水埗中，更見壓迫感和侷促；路線亦難以規劃，多個大廈既可以是起點，同時是終點，故此未出發都已可預見當中的難度。

建議可先以美荷樓作切入點，較能做到跟隨屋邨樓宇與建時間順序來參觀的效果。留意美荷樓設有屋邨發展主題展覽，建議預留約一小時參觀和打卡拍照。

另外，由於石硤尾邨位於鬧市，屋邨多座大廈均被多條熙來攘往的馬路分隔，為安全和遊走得更為舒適，建議盡量使用行人天橋穿梭不同大廈，從而避開擠擁熱鬧的人流；而且行人天橋多數通往大廈平台層，在無遮掩的平台上拍攝石硤尾邨多座大廈，效果會較突出。

石硤尾邨 (Shek Kip Mei Estate)

屋邨類型
房委會出租屋邨

地點
石硤尾窩仔街 100、101、120、121、123、125 號；巴域街 50、52、54、58、70 號；偉智街 10、12 號；石硤尾街 65、66 號；白田街 10、13、17 號

入伙年份
1979 至 1983 年（舊長型）、2006 年、2012 年、2019 年（石硤尾邨重建）

樓宇數目
21

樓宇類型
舊長型、非標準型

樓宇名稱
第 19 至 24 座、第 42 至 44 座（美山樓、美虹樓、美彩樓）；美如樓、美映樓（第一期重建）；美亮樓、美笙樓、美盛樓、美薈樓、美益樓、美賢樓（第二及第五期重建）；美葵樓、美菖樓（第三及第七期重建）；美禧樓、美柏樓（第六期重建）

建議交通路線

港鐵
乘港鐵至石硤尾站並從 A / B2 / C 出口出發，跟隨指示牌步行約 10 至 15 分鐘；或乘至深水埗站並從 B2 出口出發，跟隨指示牌步行約 10 分鐘。

巴士
可乘搭巴士路線 72 / 81，在「大埔道」下車；或乘搭巴士路線 2B / 2F / 6 / 6C / 6D / 86 / 86A / 86C / 702 / 703，在「青山道」下車；或乘搭巴士路線 2D，在「巴域街」下車；或乘搭巴士路線 104，在「窩仔街」下車。

快將重建的
房協現存最
老舊屋邨

1.3 漁光村

白沙、順風、靜海、海鷗、海港⋯⋯夕陽西下，微風吹起白
沙，海鷗的嗷嗷叫聲劃破了海港的寧靜；海水被斜陽照得波光
粼粼，多艘漁船停泊在避風港，一切就是如此的寧靜和美好。

這是我知道漁光村的大廈名字時，首先聯想到的畫面。

遊走位於香港仔邊陲的漁光村，確實能讓都市人感受到難得的寧靜。漁光村由著名建築師阮達祖設計，漫步細看之下，會發現屋邨內細節驚喜處處，同時體驗到何謂因時制宜、以人為本。畢竟屋邨最重要的還是居住在內的人，他們才是屋邨的核心，屋邨的主人公。

只可惜，作為現存房協轄下歷史最悠久的出租屋邨，同樣難逃被清拆的命運。據本港多份報章報道，漁光村預計最快將於 2025 年清拆。屆時這個服務了街坊多年的屋邨，就會完成它的歷史任務和使命。那麼，我們一於把握當下，緩緩地漫遊漁光村，探尋屋邨的種種美好物事。

你所不知道的
漁光村小故事

房協現存歷史最久屋邨

屋邨於 1962 年落成入伙，為房協現存歷史最為悠久的屋邨。

命名跟漁港有關

由於香港仔為傳統漁港，屋邨亦因此而命名。就連五座大廈的名字：白沙樓、順風樓、海港樓、靜海樓和海鷗樓，同樣以漁港元素命名，饒富詩意之餘，亦相當有特色。

為何興建漁光村？

興建漁光村的目的是為香港仔沿岸和水上居民，以及鴨脷洲的居民提供廉租房屋，同時作為基層公務員宿舍。

由著名建築師設計

1958 年，房協委托了著名華人建築師阮達祖，主理漁光村的整個建築工程。阮達祖深受功能主義影響，建築作品重視實用功能及建築效率，較著名的作品包括舊恒生大廈、東亞大廈及永隆銀行大廈等。

到底漁光村有多大？

漁光村雖只有五座大廈，但佔地面積達 163,500 平方呎，即是比兩個標準足球場還要大一些！

分兩期入伙的屋邨

漁光村前後共分兩期落成及入伙，第一期入伙的是白沙樓（1962 年落成）、順風樓和海港樓（1963 年落成）；第二期則有靜海樓及海鷗樓，均於 1965 年落成。

村內曾有大廈是共用廚廁？

在 1960 年代，香港經濟尚未發達，同時人口膨脹，房協因應香港仔的低收入家庭經濟能力，興建了租金相宜的海港樓，住戶須共用每層設置的廚房、廁所浴室和洗衣房等設施。直到 1980 年代經濟情況改善，海港樓改建，變成每戶都有獨立廚廁，「共享廚廁」就成為了歷史。

當年租金點計？

可從《工商晚報》在 1961 年的報道找到當年屋租的端倪。報道中列明租住單位分三種，分別為有騎樓單位、無騎樓單位及共用廚廁單位；每種單位價錢不一，最便宜的當然就是廚廁共用單位，租金為每月港幣 $45 至 $79（適合四至八人居住）；至於最昂貴的單位則是有騎樓單位，月租為港幣 $90 至 $119（適合六至九人居住）。

← 可能屋邨四周的氣氛使然，即使隨便在漁光村一隅拍照，也有優美的效果。

於 1960 年代落成入伙的漁光村，嚴格而言，是屬於房協轄下的
第六個出租屋邨；但由於在漁光村以前落成的上李屋、丹拿山
邨、啟德邨、紅磡村和四季大廈等多個屋邨現已拆卸，故漁光
村成為現時房協現存最為歷史悠久的屋邨。

記得首次到訪漁光村，是 2016 年。當時由於工作關係而需要到
漁光村拍攝，那時正值春季，看到屋邨內多棵宮粉羊蹄甲正在
盛放，好不美麗和震撼，故此對漁光村印象相當深刻。事隔多
年後再次到訪屋邨，外觀改變不大，外牆也沒有翻新，故此看
起來更見殘舊。那時我覺得實在有點可惜，因為屋邨本身環境
不俗，而且相當寧靜，相信是宜居好地方，但隨着屋邨清拆在
即，今日的漁光村看起來有點死寂和蒼老，感覺屋邨本身也已
接受現實，準備好即將成為歷史。

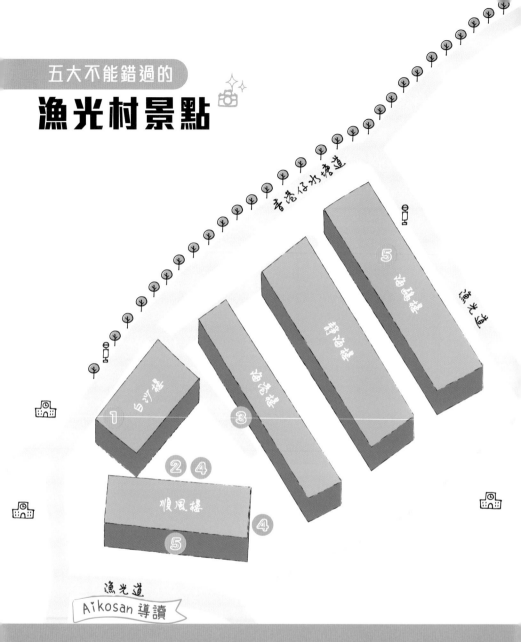

五大不能錯過的
漁光村景點

漁光道
Aikosan 導讀

可能不多人認識位於香港仔的漁光村，但它其實是房協現存歷史最悠久的屋邨，更是房協唯一位於南區的屋邨。漁光村同時是不少行山人士到南區遠足的起點，就跟它的歷史一樣，想親身體驗房協轄下屋邨的歷史，漁光村正是一個上佳的起步點。在它清拆前，大家快把握機會來一睹「漁村」風光！

① 坊間買少見少！

小橋式中央走廊

相信是漁光村招牌風景之一！於 1962 至 1965 年落成入伙的漁光村，大廈的中央走廊可說是相當有特色，外觀上跟一般的公屋大廈走廊很不同。它的樓梯和走廊刻意設計得四通八達，空間寬闊之餘，通風採光亦做得十分充足，難怪以往的街坊會如此喜歡在走廊聯誼了。

至於為何大廈走廊會採用這種設計？相信是由於 1960 年代的香港，冷氣仍然未普及，而且冷氣費高昂，故此設計師在通風方面更花心思，務求令住戶即使在炎夏都可享受涼風。

另外，可能有人會覺得這種設計的走廊似曾相識，事關同樣屬於房協，而且在同年代興建的舊明華大廈，其大廈中央走廊也是採用類近的設計。不過隨着舊明華大廈陸續清拆，加上漁光村也會在未來數年重建，相信這種特有的屋邨風景也將成為絕唱了。

② 記得站在中庭拍照！

盡覽漁光村樓宇美景

若想拍攝一張最能代表漁光村的相片，相信我，站在白沙樓、順風樓和海港樓中間的中庭空地拍照最穩陣！

漁光村是於山坡之上興建的，出入屋邨少不免需要沿樓梯上上落落，因此形成樓宇層次分明的特色。漁光村面積算不上很大，屋邨內不設獨立商場，今日的漁光村也已經看不到任何店舖，令本身已經不是位於鬧市的屋邨更見寧靜。若沿着樓梯上落，就可細賞到漁光村的風景，感受自己被大廈包圍的感覺。但微妙的是，可能由於漁光村內最高的大廈也不過只有 11 層，故此即使站在樓與樓之間的中庭拍照，也不會太有壓迫感；反而看着淺粉紅、淺藍和灰白相間的樓宇風景，甚有心曠神怡的感覺。

③ 歷史的痕跡

大廈通花磚牆

既然是在 1960 年代建成的公共屋邨，極具特色的通花磚牆可說是代表那個年代的公屋標誌之一。漁光村的通花磚牆可見於大廈各個出入口、樓梯位置的圍欄以及樓層之間的格柵牆。

通花磚牆的設計很有趣，以正方形和圓形等幾何圖案作主要設計。筆者第一眼看到時，首先聯想到的就是遊戲機手掣上的圖案，方方圓圓交錯排列在整個牆壁，別具美感。

原來通花磚牆都有實際功用，唔係得個樣！點綴環境只是錦上添花，更重要的是通花磚牆能做到通風和採光效果，街戶亦可透過磚牆窺視牆身的另一面，增加了空間的趣味性。另外值得留意的是，海港樓的通花磚牆位置，正正就是昔日公用廚房的附近，可見通花磚牆有增強通風的作用。

↑ ↓ 只有舊式屋邨才會出現的通花磚牆圖案。

ⓐ 小橋式中央走廊，可說是漁光村特有的招牌風景。

ⓑ 漁光村的中庭是全個屋邨最佳打卡位。

4 可愛甜美風
藝術作品現身四周

本地插畫家 Chocolate Rain 多次跟房協合作，在漁光村裏也不難找到其插畫和藝術裝置，例如在中庭公共空間外牆，及鄰近花圃的位置。可愛甜美的畫風除了打卡一流，更為本來外觀平實的屋邨平添點點藝術氣息。另外，中庭壁畫原來是插畫師專為房協 70 周年而創作，背景正是位於漁光村附近的漁港，除了有漁船、漁民等，更有昔日的香港仔「招牌」——珍寶海鮮舫等元素，盡顯漁光村的背景特色。

⑤ 街坊百子櫃

露台格仔風景

走到海鷗樓和順風樓，可一睹漁光村的特色景象。這
兩座大廈樓層不高，最高的也只有 11 層左右，而且
呈長條型設計，加上每個單位都設有露台，是以大廈
如百子櫃般，呈現着每個格子都獨一無二的住客風景。

也許我們亦能從那些露台風景，想像一下住在漁光村
的街坊，到底是過着怎樣的生活：有些露台擺放着大
大小小的綠色盆栽，變成綠色後花園；亦有露台擺放
了滿滿的雜物，由舊電視機到書本雜誌以至風扇等統
統都有，就像個雜亂無章的懷舊博物館；亦有很多露
台展示了七彩繽紛的衣物……這正是遊走屋邨的玩味
之處 —— 從觀察細節中感受住戶生活。

遊走漁光村
小心得

記得預留體力遊走！話雖漁光村地方不算特別大，只有五座大廈，但由於屋邨位於斜坡，依山而建，故此屋邨內設有多條樓梯。別擔心，梯級亦算不上是恐怖級數，最長的樓梯相信就是連接靜海樓和海鷗樓之間的一條，也不過是約兩至三層樓高。不過，若自問是長期依賴升降機生活，甚少走樓梯的人，記得要小心上落，以免意外跌倒。

此外，如果可以的話，筆者會建議在春天時分，即三至四月到訪漁光村！事關漁光村四周範圍種植了不少宮粉羊蹄甲，每到樹木盛放之時，整條屋邨就會被粉紅和白色相間的花海淹沒，密集的效果相當壯觀和美麗，絕對是打卡一流啊！

Last but not least，漁光村其中一個特色之處，就是時至今日也並非所有大廈都設有門閘和保安，例如較早期落成的白沙樓、順風樓和海港樓正正就採用此設計。雖說大廈中央走廊可以自由出入，但畢竟那裏是民居，到訪時謹記避免大聲喧嘩或做出其他騷擾街坊生活的行為，自律可說是相當重要的呢！

漁光村 (Yue Kwong Chuen)

屋邨類型
房協出租屋邨
地點
香港香港仔水塘道 22-30 號
落成年份
1962 年、1963 年、1965 年
樓宇數目
5
樓宇類型
長型大廈
樓宇名稱
白沙樓、順風樓、靜海樓、海鷗樓、海港樓

建議交通路線

巴士
可乘搭巴士路線 7 / 971，並在「石排灣邨公共運輸交匯處」下車，然後步行約 3 分鐘。
小巴
可乘搭小巴專線 4A / 4B /4C /4M / 4S / 52，
並在「石排灣邨公共運輸交匯處」下車，然後步行約 3 分鐘。

第二章

那些劃時代的屋邨

走訪過香港最具歷史的屋邨後，不如進一步探索為香港屋邨設計和居民生活質素帶來重大意義的屋邨，當中有些確立了屋邨小社區，有些首創了某些屋邨設施，更有些見證了重要樓宇類型的首次出現。

創新建築與
社區文化的
交織

華富邨

華富邨這個名字，相信對不少香港土生土長的人來説是一個
極為熟悉的名字；它在許多人心目中，更是代表一代經典公共
屋邨。

這個位於港島南區的屋邨，除了以擁有豪宅級海景而聞名，同時為人津津樂道的是，不論在整體屋邨規劃，以至樓宇大廈類型，均有相當劃時代的意義；從中亦可見當時政府如何着力於提供更優質居住環境給住戶，讓公共屋邨的功用不只是解決住屋需要那麼單純直接，而是進一步去到提升生活質素的層次。

時間和事實均證明，在當時富試驗性質的華富邨，其設計及建築不單造福了當時入住的住戶，更大大影響了日後公共屋邨的發展，足以證明它在香港公共屋邨發展的重要性和地位。舉例九龍區的愛民邨，在屋邨規劃上就是複製了「華富邨模式」，在不少細節都可見它的影子。可是，隨着華富邨的重建時間表落實，意味着這個具時代意義的屋邨要進入倒數日子了。

你所不知道的
華富邨小故事

當時最大規模住宅計劃？

由香港屋宇建設委員會（房委會前身）繼愛民邨、蘇屋邨、北角邨及西環邨後策劃建設的第五個屋邨，當時獲譽為「遠東規模最大的地區性住宅計劃」。

坐擁豪宅級靚景

由於華富邨座落於雞籠灣，坐擁與私人屋苑貝沙灣相同的海景，故此華富邨同時有「平民豪宅」的美譽。

出自「香港公屋居屋之父」之手

屋邨由前香港屋宇建設委員會建築師廖本懷負責設計。

揭開「井字型」大廈出現的原因

華富（一）邨的樓宇是以舊長型為主，華富（二）邨則是以著名的「井字型」（即雙塔式）為主。據稱最早出現的井字型公屋，就是華富（二）邨的華興樓和華昌樓。總設計師廖本懷在一次報紙

訪問中解釋，他設計井字型公屋的其中一個原因，就是當初設計華富邨時，為了保留附近的山景，並「盡量讓更多人可以享有南中國海的海景」，於是特意將大廈設計成高低不一的井字型公屋，並指「是高低相嵌，就像補牙一樣，不用劃平它。」

又係第一！

華富邨是全港首個應用「市鎮中心」概念並全面發展的廉租屋邨，意指將屋邨發展成自給自足的小社區，此概念之前未曾在香港其他屋邨見過，故此這是個劃時代的設計。在早期的華富邨內，除了可找到街市、酒樓、商店、百貨、停車場和圖書館外，更曾有留產所，讓居民真正做到自給自足。

開邨早期乏人問津

早期的華富邨確實出現過租住率不足的情況，因為它距離市中心有一段距離，交通不便，即使可乘巴士至中環，車資也較其他線路高；加上屋邨原址為雞籠灣墳場及香港日治時期的亂葬崗，亦讓不少迷信的市民抗拒入住。

靚聲宣傳影片的誕生

為了吸引更多人搬入華富邨，在1968年，政府特意製作「華富新邨」宣傳影片，並找來以靚聲聞名的藝人譚炳文解說及介紹。

曾有 UFO 出現？

在1980年代初期，曾有華富邨街坊集體報告屋邨內出現 UFO 事件。綜合多方面消息，均指出當時在華昌樓附近一帶，曾出現來歷不明的巨型黑色物體，該黑色巨物更大得可將日光遮擋，最後該物體往海的方向飛走。據說在事件發生後，吸引了大批記者前往華富邨採訪。究竟那龐然巨物是否 UFO？至今仍然是一個謎團。

明星搖籃之地

不少知名人士都是華富邨街坊，說它是名人搖籃絕不過分，當中包括歌手周華健、編導韋家輝、演員韋家雄、亞洲小姐黎燕珊、漫畫家邱福龍、前律政司司長黃仁龍、前電盈副主席張永霖、I.T 時裝集團老闆沈嘉偉等等。

→ 華富（一）邨的大廈名字設計別具中式色彩，大家遊走時可多加留意！

↑ 華富（一）邨很常見的舊長型大廈。

有關華富邨的故事，說得誇張點，如果大學有一個學系是專門研究香港公共屋邨的，那麼，華富邨絕對有資格獨立成為一科「華富學」。由屋邨的建築設計，屋邨小鎮規劃以至街坊小店故事等等，以上種種均足以讓華富邨編織成一幅極為龐大壯觀的史詩。

可惜因篇幅關係，很多華富邨的小故事不能一一詳談，例如原來於早期規劃時，建築師就有想過在邨內設置 60 尺高的鐘樓、雕塑廣場等，最終卻因種種原因而作罷；另外早期曾有入伙五年，仍沒有電話使用的都市傳說，還有華富邨旁的瀑布灣鬧鬼故事，以及邨內盛傳有一副不能移動的木棺材等奇談……希望日後有機會可跟讀者們分享更多；但相信上述資料已勾起各位對華富邨的好奇心，那麼事不宜遲，我們來介紹華富邨的特色景點吧！

七大不能錯過的
華富邨景點

Aïkosan 導讀

要有心理準備，遊走知名度極高的華富邨是一趟漫長的遠行。華富邨分為（一）邨及（二）邨，佔地廣闊，而且位於山上，的確需要花點時間和心神漫遊。但大部分景點集中在商場一帶，而且更重要是，它的無敵大！海！景！真是值得一看呢，在它重建之前，快來記錄這個美景吧！

① 飽覽豪宅級

海景！

上文有提及過，華富邨有「平民豪宅」的美譽，來到華富邨，當然要拜會一下當地的絕美海景，若遇上好天氣更可拍到屋邨配上藍天白雲的景致，着實讓人心曠神怡！別擔心，私人屋苑貝沙灣級數的海景不是「街坊限定」，只要你到華富（二）邨商場平台對出，就可輕易找到那片美得不真實的風景，為遊走屋邨平添點點幸福感。

小小溫馨提示：除了藍天白雲，華富邨黃昏日落的景色同樣是「無得輸」，呈現出不一樣的美態，更因此而吸引了不少攝影愛好者前來拍照。所以若時間充裕，就在華富邨待至黃昏，親手以鏡頭捕捉那 magic moment 吧！

⇢ 華富邨坐擁無敵大海景，可說是常識吧！(笑)

② 打卡必到！

圓形中空天橋

除了豪宅級海景，華富邨另一必到打卡點，就是廖本懷先生首創的「井字型」公屋。不少人都會喜歡到大廈天井的底部拍攝出富有光暗意境的效果，但拍法又豈止於此？井字型公屋最早出現在華富（二）邨，如果想拍出華富邨獨一無二的「井字型」公屋形態，個人推介到華富（二）邨接近停車場出入口的圓形中空天橋，在此可拍到圓形天橋與「井字型」公屋的完美配搭，這種拍照方法，只此一家！不過從天橋底部拍攝時，記得留意四周有否汽車出入，免生危險！

⇢ 在圓形天橋下拍攝華富邨的「井字型」大廈，效果也是一流！

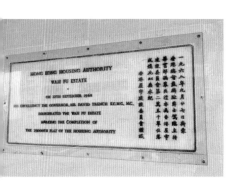

③ 難得仍有保留！

開邨限定揭幕石碑

若你經過華富（一）邨的商場，記得萬勿錯過這個如假包換的珍貴歷史文物！它就是開邨時的揭幕石碑。於 1968 年舉行的揭幕儀式紀念碑，今日依舊屹立不倒，默默地守護着華富邨。我也是看到紀念碑才知道，當年的屋邨開幕儀式，是由前港督戴麟趾爵士主持的。

④ 極懷舊！

舊式濕漉漉街市

一眾 90 後或以前出生的讀者，你還記得小時候的街市是如何的嗎？在我的記憶中，街市必然配上昏黃的燈光，還有經常都要留意濕漉漉地下，加上活雞、蔬果和鮮魚混和的半鹹而略帶腥膜的氣味，以及小販的吆喝聲；縱使衛生環境方面跟今日的光鮮乾淨街市相比，的確是差一點點，但那才是我認知的街市的模樣啊！

而華富邨的街市，難得之處正正在於它還有保留舊日街市的模樣。舊式街市買少見少，它的存在可謂相當珍貴。尤其看到舊式街市和隔壁的地舖，原來還有米行、糧油雜貨店和五金行等，那時真的儼如發現新大陸般的興奮（掩面）！尤其看到今日的屋邨竟還有保留濕漉漉、燈光忽橙忽黃紅般晦暗的街市環境，十分難得呢！

⑤ 不能錯過的
多間歷史小店

畢竟華富邨有着 50 年以上的歷史，雖然不少老店在近月亦隨着清拆期漸近而陸續結業，但放心，到訪處於清拆前倒數時光的華富邨，你仍可找到一些老字號，具有一定歷史的小店，當中更不乏由開邨至今就一直營業的店舖。而邨內小店的種類也相當多元化，由冰室到快餐店，以至士多辦館、鞋店、五金行，甚至百貨商店都有。若你自問膽大不害羞的話，甚至可與店主老闆聊聊天，通過他們認識更多華富邨的昔日故事呢！

⑥ 貓奴不可錯過！

華富「貓店長」

貓奴請注意 —— 如果説一個地方最美麗的風景，正是住在當地的人，那麼華富邨還有另一片隱藏的美麗風景，就是由多隻可愛「貓店長」所組成！

⑦ 街坊眾生相！

邨口拍攝勝地

這個位置也許對街坊而言，不過是出入華富邨的必經之路，但個人認為通往華富（一）邨的入口馬路一帶，是最能看到街坊眾生相的好地方。入口兩旁都是舊長形大廈，地下盡是商店，向上望就是各家各戶的窗戶，加上街上人流和偶爾經過的巴士穿插馬路，有種相當貼地和草根生活的感覺。

想拍攝自己曾到華富邨到此一遊，（一）邨入口正正就有招牌大剌剌地寫上「華富邨」三個字，加上入口背後的舊長形大廈建築，幸運的話更可看到街坊在大廈走廊穿過的風景，自己就曾看到不少人喜歡在此拍攝華富邨的生活日常。當然，拍攝時記緊不要開啟閃光燈，還有避免以太近距離拍攝，以免影響居民的生活呢！

遊走華富邨小心得

筆者認為，遊走華富邨前一定要準備以下三寶：相機或手機、大容量裝滿清水的水樽和充足的體力，三者可謂缺一不可。尤其假設你是在4至10月期間到訪，後兩者就更重要。因為華富邨是由（一）邨和（二）邨組成，（即街坊常稱的「下邨」和「上邨」），兩條邨共有接近20棟大廈，絕對不少；加上華富邨依山而建，球場、遊樂場、平台層、地下也滿佈不同設施，地方相當廣闊，而且全邨的斜路也不少呢！當然，部分路段也可偷偷懶，走有蓋樓梯或索性乘搭升降機上落也可以，不過若沿着斜路行走可看到更多更全面的華富邨風景呢！

屋邨資料

華富邨 (Wah Fu Estate)

屋邨類別
房委會出租屋邨
地點
**香港薄扶林瀑布灣華富道 15、18 號，
香港薄扶林瀑布灣道 3、8、31 號**
入伙年份
**1967 年至 1969 年（一邨）、
1970 年（二邨）**
樓宇數目
12（一邨）、6（二邨）
樓宇類型
舊長型、雙塔式
樓宇名稱
**華清樓、華珍樓、華康樓、華基樓、
華建樓、華光樓、華樂樓、華美樓、
華明樓、華安樓、華信樓、華裕樓
（一邨）；華昌樓、華翠樓、華興樓、
華景樓、華生樓、華泰樓（二邨）**

建議交通路線

巴士
可乘搭巴士路線 43M / 38 / 73，在「華富（北）」下車；或乘搭巴士路線 41A / 94A / 170，在「華富（中）」下車；或乘搭巴士路線 4X / 40 / 40M / 41A / 42C / 48，在「華富（中）」下車。
小巴
可乘搭小巴路線 23 / 63A，在華富道下車。

獨立屋邨
商場及冬菇亭
由此起

2.2 愛民邨

作為香港公屋界的「天花板」，前述的華富邨這個名字絕對是響噹噹，它可説是香港屋邨建立成小社區般規模的一個重要里程碑。但你又知不知道，其實在九龍區亦有一條屋邨，有着「九龍版華富邨」的美譽，而且在屋邨入伙不久便吸引了英女王伊利沙伯二世到訪，因此成為一時佳話？

它就是位於何文田的愛民邨。愛民邨早在 1974 至 1975 年入伙，屬前屋宇建設委員會的最後一個屋邨項目，是由有「香港井字型公屋之父」之稱的廖本懷所設計。早在興建的時候，有關部門就規劃將它打造成如華富邨般的規模，並以愛民邨作為先導試點，首設獨立的屋邨購物商場和人稱「冬菇亭」的熟食亭，日後亦在其他屋邨引入上述的建設。雖然距離首度入伙已有 50 年的歷史，但即使今日遊走愛民邨，仍不會有種過於老舊和過時的感覺；它雖然仍保留一些舊有特色，但同時引入了一些新的店舖設施，讓愛民邨有種「與街坊共成長」的觀感。

你所不知道的
愛民邨小故事

香港較早期公屋之一

它早於 1974 至 1975 年落成，有逾 45 年樓齡。

英女王都到訪過！

英女王伊利沙伯二世於 1975 年曾到訪愛民邨，並參觀康民樓其中一個單位。

堪稱遠東最大規模住宅計劃

它是房委會前身香港屋宇建設委員會繼北角邨、西環邨、蘇屋邨及華富邨等後，策劃建設的第六個屋邨，當時獲譽為「遠東規模最大的地區性住宅計劃」。只是在愛民邨落成時，屋宇建設委員會已經重組成香港房屋委員會。

九龍城之最

愛民邨是九龍城區面積最廣的屋邨，有 12 座大廈。

盡佔地理優勢嘆靚景

由於愛民邨地勢較高，部分的單位可遠眺維多利亞港，加上單位露台設計參考了華富邨，以及屋邨整體設計也參考了華富邨並稍作改良，故有「九龍華富邨」之稱。

公屋之父出手設計

無獨有偶，愛民邨也是出自負責華富邨的建築師廖本懷先生之手，他有「香港公屋之父」的尊稱。

為住宅升級！

愛民邨是香港首個設有公共天線系統的公共屋邨，其中嘉民樓和康民樓更是香港首批各單位均配備兩個梗房與浴缸的房屋署公屋大廈。

熱門電影場景勝地之選

不少電影都在愛民邨取景，包括近年的港產片《狂舞派》、《淪落人》及《媽媽的神奇小子》。筆者就是看了《淪落人》才萌生遊走愛民邨的想法。

↑ 不少電影都在愛民邨取景。

筆者頗欣賞愛民邨的公共空間運用。屋邨內擁有不少給街坊休憩的位置，而且有不少綠化的地方，例如在嘉民樓、建民樓和禮民樓平台之間，就有個愛民邨賞樹徑，沿途遊走感覺舒適。即使在商場及街市外面，也能看到有大量的休憩空間，在今日起樓也要針插式佔盡空間的香港，這點顯得難能可貴。

另外，相對起井字型公屋，個人更喜愛愛民邨的舊長型公屋。嘉民樓、建民樓和禮民樓三幢樓呈 U 字型，樓宇之間的走廊打通，猶如沒有盡頭般，感覺相當有趣；每家每戶單位門口都清晰可見，仿似看到數百種生活方式。

┈→ 屋邨內擁有不少給街坊休憩的位置，而且有不少綠化的地方。

七大不能錯過的
愛民邨景點

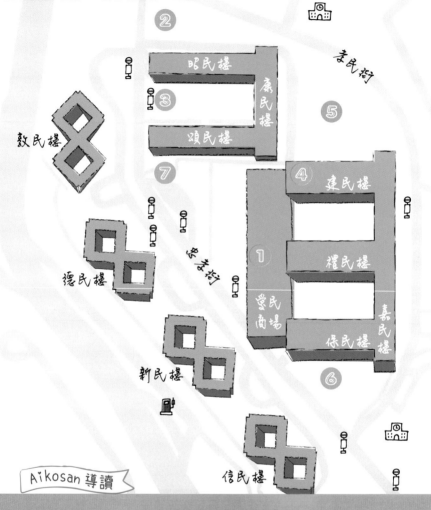

昭民樓

康民樓

②

③

頌民樓

敦民樓

⑤

⑦

④ 建民樓

① 禮民樓

德民樓

愛民商場

保民樓

嘉民樓

⑥

新民樓

信民樓

Aikosan 導讀

想認識愛民邨,實地遊走可說是最快速的方法,因為它保留了不少舊有建築設施及特色,而這些設施的位置勝在相當集中,要一次盡覽多個特色景點也不是難事。既然有着「九龍華富邨」這個美譽,愛民邨當然自有其過人之處,這次一於細賞愛民邨的懷舊香港情懷,並發掘當中的小故事吧!

① 全港首個
獨立屋邨購物商場

首先不得不提的，當然是愛民邨的購物商場，它可說是今日絕大部分獨立屋邨商場的楷模，很多的屋邨商場就是根據愛民邨的商場而設計。

在愛民邨之前，即 1974 年以前落成的屋邨，是不設獨立商場的，許多時商店都是以大廈地舖為主，或是另行在地下設置購物街，最典型例子可見於彩虹邨和荃灣福來邨。

根據房屋署的官方新聞稿，愛民邨首創屋邨獨立商場，並以商場內齊備不同類型的店舖為賣點，衣食住行各方面都兼顧得到，例如早年就有愛民超級市場、大眾書局、八佰伴最好電器、快圖美、民天酒樓等，在當時而言可說是相當完善，店舖種類和規模可跟今日的一線商場媲美，故此開幕時大家都相當隆重其事。

當然，經歷過時代的變遷，愛民商場已易手至領展，很多老舊店舖都紛紛結業，只剩下文具店、校服店和禮品店等，由開邨至今仍然「健在」。話雖如此，愛民商場仍難得有保留舊式的地磚和暗紅的牆身設計，還在商場正門入口，接近詢問處附近，亦保留開邨時的紀念碑。大家遊走愛民邨時不妨留意以上細節，尋找歷史足跡呢！

② 愛民邨首創！
冬菇熟食亭

除了獨立的屋邨購物商場，大家常常在屋邨看到的熟食亭（俗稱冬菇亭），原來也是由愛民邨始創！根據《華僑日報》、《南華早報》及《工商日報》等多份報章報道，當時是以愛民邨為首個試點設立冬菇亭，為的就是讓街坊可在餐飲方面有更多選擇。早期的冬菇亭主要售賣白粥油器、果汁凍飲、燒味飯、甜品、炸魚、熱狗等，跟今日的海鮮及小炒為主有點不同。當然，今日的冬菇亭已經歷大翻新，一些老店已不復見，但遊走愛民邨時，記得看看這個全港首創的美食亭呢！

→ 大家常常在屋邨看到的熟食亭（俗稱冬菇亭），原來也是由愛民邨始創！

③ 罕見的
屋邨露天街市

屋邨街市相信大家都見得多，但若是露天的街市就較少見，而愛民邨的街市，正正就是罕見的露天式設計！有別於現今街市的室內全密封設計，露天街市的開放式設計，讓人就算相距甚遠也能輕易看到一整排的街市檔，由賣蔬菜水果到肉類，以至燒臘、快餐都一覽無遺，氣氛跟一般街市相當不一樣，甚有老香港的味道。英女王伊利沙伯二世在 1975 年到訪愛民邨時，亦曾在此留影，喜歡打卡拍照的朋友當然不容錯過！

→ 露天街市開放式的設計，就算相距甚遠也能輕易看到一整排的街市檔。

④ 可愛黏人的
愛民邨「貓店長」

若是愛貓之人，也許你會聽過愛民邨的另一個稱號——「愛民貓王國」！愛民邨是不少「貓店長」聚集的地方，也許是因為這裏有不少店舖是設置於大廈地下而且鄰近街市的關係，許多店舖為了杜絕老鼠的出現而養貓（當然也不排除店主本身也愛貓啦！）。當中較為著名的「貓店長」有肥錢、Happy妹和吉吉，而且貓貓可能「見慣大場面」，因此大多都不怕人，甚至還頗為黏人。大家在遊走屋邨時，只要走過地下商店一帶，相信就可跟貓貓們巧遇！

⑤ 打卡一流的
平台籃球場

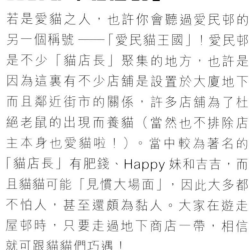

遊走愛民邨，不少人是為了一睹它的舊長型大廈以及俗稱「井字型公屋」的雙塔式大廈設計，兩者都是在1970年代很流行的公屋大廈款式，同樣有通風佳、走廊面積寬闊，及方便街坊聊天的優點；透過大廈與大廈間對望（舊長型在大廈外，井字型就在天井之內）的設計，街坊可輕易看到不同樓層的人流往來和活動，做到保安的效果。

如何拍攝到井字型公屋的最佳效果，相信不用多說，反而若想盡覽舊式長型設計，建議從二樓平台的籃球場拍攝，可輕鬆做到對稱效果，且能把舊式長型的特色一覽無遺，為你的遊走屋邨之旅捕捉到標誌性的留影。

懷舊鏤空

「禁踏單車」告示牌

跟上述其他特色打卡點相比，這塊可以在愛民邨停車場及平台都可找到的淺藍色「禁踏單車」鏤刻告示牌，相對沒有那麼多歷史故事可以細說，但從它的字體設計到字牌的金屬物料，都可感受到歲月的況味。由於此告示牌採用了鏤空的設計，在好天氣之下配合光影拍攝，效果相當突出和美麗呢！

7 全港僅存三個！

古色古香的海報亭

可能大家會覺得海報亭平平無奇，最多外觀看起來較為中式，但現時全港只剩下三個海報亭，而愛民邨就有其中一個（另外兩個分別在瀝源邨和大興邨），其地點位於屋邨巴士總站旁，十分易找！

古色古香的海報亭可算是歷史產物，其出現源於以前資訊不如今日般流通，街坊沒有手提電話；有見及此，政府在1970 年代末期就參考歐洲多個國家的通訊亭，設計出圓柱形的海報亭，用以張貼政府的官方文宣，作為與社會大眾溝通的橋樑。後來隨着資訊科技日趨發達，海報亭漸漸式微，現時全港就只剩下三個，非常珍貴！

↑ 看來有點古色古香的海報亭可算是歷史產物。

遊走愛民邨
小心得

遊走愛民邨的難度相對不高，而且它位於何文田，許多交通工具可以到達，相當便利。建議最好選擇早上到中午，陽光充沛的時間來到愛民邨，因為不少特色位置都是位於室外，想要有較好的拍攝效果，好天氣可說是事半功倍啊！另外，假日期間會有較多愛民邨的街坊在邨內出沒，故此在平日的早上到中午到訪就能避開人潮，較容易拍攝戶外、街市等美景。

愛民邨 (Oi Man Estate)

屋邨類型
房委會出租屋邨
地點
九龍何文田山忠孝街 60 號
入伙年份
1974 年至 1975 年
樓宇座數
12
樓宇類型
舊長型、雙塔式
樓宇名稱
德民樓、昭民樓、信民樓、建民樓、嘉民樓、禮民樓、康民樓、保民樓、新民樓、敦民樓、頌民樓、衛民樓

建議交通路線

港鐵
乘港鐵至何文田站並從 A1 出口出發，跟隨指示牌步行約 3 分鐘。
巴士
可乘搭巴士路線 17 / E21A / E21B / 109 / 7B / 8 / 45 / 241X，在「何文田（愛民邨）巴士總站」下車。

首創噴水池
與天橋平台
店舖

2.3 瀝源邨

在香港芸芸新市鎮之中，發展得最為完整和成功的，筆者認為
非沙田莫屬。為解決市區的人口擠擁及急速膨脹問題，港府早
在 1960 年代的港督戴麟趾時期，已確定開展沙田新市鎮藍
圖，以應付社會需要。但大規模填海工程需時，要至 1970 年
代初才見雛形，此時港督已換成了麥理浩。沙田區的首個公共
屋邨 —— 瀝源邨就在 1973 年正式動工，以公營房屋引進人
口，帶動新市鎮發展。

瀝源邨在香港公共屋邨發展歷史中有着重要的地位，它除了是沙田首個公共屋邨，為日後沙田公屋發展打好基礎及提供示範作用外，更重要是政府在瀝源邨帶頭引進不同創新設計，例如更着重美化環境，首創香港屋邨噴水池；還引進在二戰後才真正發展的設施 —— 行人天橋，更破格地在行人天橋通道上開設多間商店，日後有不少屋邨亦有類似設計；當年政府可說是矢志將公共屋邨由單純的解決住人問題，提升至為市民提供更優質生活的全新層面，令公屋更為宜居。

你所不知道的
瀝源邨小故事

沙田公屋開荒牛！

它是沙田區第一個公共屋邨，於 1975 至 1976 年間落成入伙。

瀝源才是沙田本名？

瀝源邨取自沙田的本名：瀝源。「瀝」即流水、清泉之意，瀝源則意指清水之源，可能因從周邊山澗匯聚流入沙田海的流水非常清澈而得名；而沙田則為村名，據聞在英軍接管新界時，到達沙田圍後想詢問村民地方名，卻因言語不通，誤以為「瀝源」叫作「沙田」。後來政府發展沙田新市鎮，興建的首條公共屋邨便用回「瀝源」這個名字。

計劃趕不上變化

瀝源邨在規劃時，原本屬於「政府廉租屋邨」，由香港屋宇建設委員會興建，邨內大廈全為舊長型設計，又稱第七型徙置大廈，是由前工務司署及徙置事務處設計，並由工務司署代建，但由於1973 年成立房屋委員會時，將屋宇建設委員會及徙置事務處等合併，故此瀝源邨的屬性也因此變作公共屋邨。

分兩期入伙

瀝源邨首期在 1975 年落成，第六及七座（即今祿泉樓與壽全樓）率先入伙，合共 1,082 個單位；餘下的第二期大廈，以及屋

邨大部分配套設施（如商場、主要休憩公園等）要待至 1976 年才陸續啟用。

低廉租金好吸引

房委會為吸引更多人從市區搬到當時剛剛起步發展的沙田瀝源邨，以低於市價一半的租金出租，亦以沙田鄰近郊區、屋邨有大量綠化環境、環境優美怡人作為賣點。根據當時報道，瀝源邨單位實用面積 250 平方呎單位租金為港幣 $160，實用面積為 403 平方呎的單位租金則為港幣 $250。

過萬申請住瀝源！

事實上，以上宣傳策略確實奏效，房委會最終收到逾萬個入住瀝源邨的申請，比可提供單位超出數倍有多。

與英國王室有淵源

英國王室於 1970 年代先後兩次到訪瀝源邨視察環境，到訪的王室成員包括雅麗珊郡主及當時仍是王子的查理斯。

作為沙田第一個落成入伙的屋
邨，瀝源邨相當受到政府的重
視，由英國王室先後兩次到
訪，以至政府在規劃瀝源邨時
花了不少心思設計等，都能感
覺到作為首個在沙田區駐足的
屋邨，地位是何等重要。

提到瀝源邨，當然不得不提及
其地標：噴水池。有關噴水池
的特色和故事，下文將詳盡講
解。不過想在此分享一下，每
次筆者要到禾輋邨時，必定會
途經瀝源邨的行人大橋平台，
亦必然會從天橋看到噴水池。
還記得第一次看到那個噴水
池，只覺得「好大好靚」，以
為美景只是日間限定；後來才
知道，偶爾晚上更會有五光十
色的燈光效果，雖然未至美侖
美奐，但以屋邨規模和管理方
式而言，已經十分有誠意了！

後來，筆者從地面走近噴水
池，發現從另一角度觀看它，
又有不同的美態。還有很微妙
的是，明明經常路過看到噴水
池，但每次看到這片風景，
都有種心情放鬆和輕快起來的
感覺。或許從某方面而言，它
已成為自己的一種精神寄託。

←‥ 瀝源邨的遊樂場。

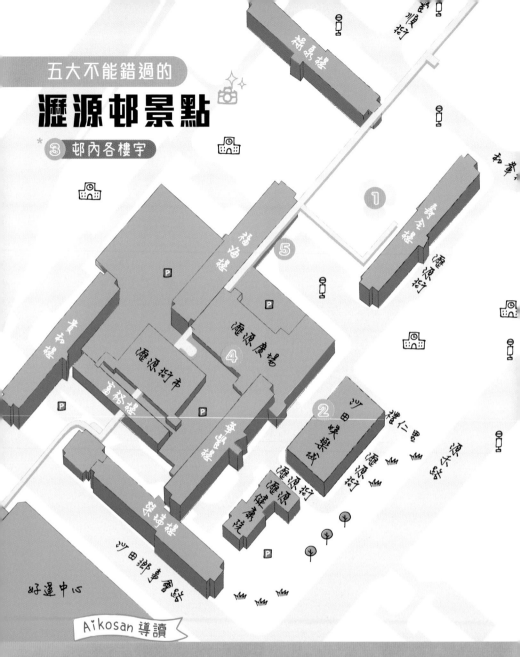

五大不能錯過的
瀝源邨景點
*③ 邨內各樓宇

Aikosan 導讀

作為沙田首個落成入伙的公共屋邨，瀝源邨面積其實都不小，既有噴水池，又有屋邨商場、海報亭、公園、遊樂場、健體設施等，將現代化的屋邨必備元素都一次過如精華般放進了這個屋邨。總言之，預留多點時間慢慢遊走，感受瀝源邨的美好吧！

↑ 瀝源邨的標記，當然是壽全樓對出的噴水池。

① 全港首創
仍然運作的屋邨噴水池

位於屋邨中心的噴水池是瀝源邨其中一個地標！原來當時其他屋邨都不設噴水池，瀝源邨的是全港首創，日後有不少屋邨紛紛仿傚這個規劃設計。筆者認為這個噴水池設計相當美觀，日夜呈現不同的美態，是一個極之值得拍照留念的好地方！

噴水池除了有美化環境及在夏天有散熱通風的功能外，其實它還有一個很環保而實用的用途，這就要來説説有關這個噴水池的故事。事緣在 1977 年，沙田區經歷制水，有街坊質疑為何噴水池在制水期間仍能運作，那麼豈不是很浪費水資源？可能在一般街坊角度，水池不過

↑ 晚間的瀝源邨噴水池，呈現的是另一種美態。

是用以美化環境，但根據《華僑日報》報道，當時的房屋署發言人對此曾作出解釋：「噴水池之水兼作商業中心冷氣系統循環散熱之用，而且一再加以利用。由於蒸發而消耗之水量，以水井之水補充。」仔細想想，當時是 1977 年，社會對於環保的提倡不如今日般熱烈，但瀝源邨在興建時已不經不覺加入了環保元素，真是十分厲害。

② 一片爭議中屹立不倒
沙田娛樂城

只要是住在沙田區稍有一段時間的街坊，相信都會聽説過，甚或到訪過位於瀝源邨隔壁的沙田娛樂城 —— 它集飲食娛樂於一身，不少人更特意到此打桌球和按摩呢！

雖然沙田娛樂城在今昔對比之下，已經變得冷清得多，最熱鬧的地方也變成是茶餐廳、機舖和健身室，但其實沙田娛樂城在開業初期深受街坊歡迎，內有兩間戲院「雅都」和「新聲」，成為不少街坊的觀影場所；與此同時，娛樂城亦因設有波樓、桑拿和雀會等，以致給人不甚安全和龍蛇混集的感覺，而娛樂城隔壁就是兩家中學，故此娛樂城不論是從宣佈興建，以至後來正式營運，對沙田街坊而言都是頗具爭議的存在。

↓ 在沙田屹立了逾 40 年的沙田娛樂城。

③ 別具心思的大廈名稱

榮華富貴福祿壽

經常覺得歷史較為悠久的公共屋邨在大廈命名上特別有心思，偶爾更出現以不同主題或祝福寓意命名的大廈，例如以花卉命名的馬頭圍邨，還有以雀鳥命名的沙角邨等。瀝源邨也不例外，雖然單從大廈的名字去看，看似沒有甚麼特別，但若將全邨七幢大廈的名字（即榮瑞樓、華豐樓、富裕樓、貴和樓、福海樓、祿泉樓和壽全樓）串連一起，就會得出「榮華富貴福祿壽」這個中國人常見的祝福句，此小小心思相信是當時政府給予街坊最大的祝願！

④ 打卡遺珠

商場頂層平台宏觀全邨美景

坦白說，即使是我這個曾無數次路過瀝源邨的前街坊，也很容易走漏眼 —— 這個位於屋邨商場頂層的平台，它勝在四面均被屋邨大廈包圍，但同時甚為開揚，沒有近代屋邨常見的壓迫感之餘，亦可從不同角度俯瞰瀝源邨的風景，由水池到娛樂城以至遊樂場等等，均可盡覽無遺。想一次過欣賞和拍攝瀝源邨美景，筆者敢說這裏是繼屋邨水池後，另一絕佳的位置與角度。

有趣的是，雖然商場平台平時極少人流，但據稱街坊都喜歡趁中秋佳節，前來賞月和煲蠟（笑），正是看中平台空間夠寬敞，視野夠開揚，賞月都零舍有 feel。

↑站在瀝源商場的天台拍照，其實也很好看呢！

⑤ 集郵必影！

另一碩果僅存的海報亭

心水清的讀者，可能已經發現：又係海報亭？無錯！如有留意前篇有關愛民邨的文章，相信都記得現時全港只剩下三個海報亭，而瀝源邨正正就是繼愛民邨後，另一保留了海報亭的公共屋邨，所以極之珍貴。

這個海報亭位於噴水池的正對面，很低調不顯眼。而單從外觀而言，其實愛民邨跟瀝源邨的海報亭可說是大致相同，即使是新舊程度也不例外，因此到底是哪個較先出現，已經不可考了。但 again，海報亭已成為相當罕見的公共設施，真的買少見少啊！

遊走瀝源邨
小心得

建議用至少約兩小時漫遊瀝源邨！雖然瀝源邨只有七座大廈，但其實公共空間所佔的土地面積着實不少。別忘了預留時間，用不同角度拍攝地標噴水池，還可以在邨中慢慢散步，仔細欣賞和感受屋邨的老舊情懷。若在夏天到訪，記得記得記得準備好手提電風扇和蚊怕水，因為瀝源綠化面積不少，加上戶外空間大，未到炎夏也很容易走得汗流浹背、被蚊叮蟲咬。

屋邨資料

瀝源邨 (Lek Yuen Estate)

屋邨類型
房委會出租屋邨
地點
新界沙田瀝源街 6 號
入伙年份
1975 年
樓宇數目
7
樓宇類型
舊長型
樓宇名稱
福海樓、富裕樓、貴和樓、祿泉樓、壽全樓、華豐樓、榮瑞樓

建議交通路線

港鐵
乘港鐵至沙田站並從 A3 出口出發，跟隨指示牌步行約 10 至 15 分鐘。
巴士
可乘搭巴士路線 48X / 81 / 89 / 269D，在「瀝源巴士總站 / 禾輋街」下車。

經典標誌
「三叉型大廈」
誕生記

2.4 祥華邨

雖然香港的公屋發展歷史不足 80 年，但大家有否留意到，這些年來香港公屋的發展相當迅速？公屋的樓宇類型，由早期的 H 型七層大廈，到舊長型及極具標誌性的「井字型」雙塔式大廈，以至近年的和諧式和非標準型大廈，可見樓宇建築設計經過多年來的洗禮，種類也愈加多元化。樓宇的外觀設計，其實反映了當時社會的結構和狀況，以及當時居民的實際需要，因此從中可盡見香港一直以來的社會變化。

筆者一直認為 Y 型大廈（Trident Block）是繼「井字型」雙塔式大廈後，另一個讓不少香港人印象深刻的公屋樓宇類型；一提到公屋，不少人立刻就會聯想到它們的樣貌。而且 Y 型設計大廈在上世紀 80 年代期間被密集採用，直至 90 年代初期為止，所以若說「井字型」雙塔式大廈是 70 年代公屋標記，那麼 Y 型大廈相信就是最能代表 80 年代的公屋標記。

有關 Y 型大廈的誕生，一切就要從位於粉嶺的祥華邨開始說起了。當然，除了三叉型大廈是如何誕生這回事，祥華邨亦有更多有趣的故事值得大家發掘呢！

你所不知道的 祥華邨小故事

第二與第一

它既是北區第二個公共屋邨，同時是粉嶺新市鎮的第一個公共屋邨，可說是見證及伴隨着粉嶺新市鎮成長與發展。

屋邨本名非祥華也？

根據《工商晚報》和《華僑日報》於 1981 至 1982 年間的報道，屋邨原本命名為「黃崗山邨」，但由於黃崗山這個名字容易令人聯想到廣州黃花崗起義，易給街坊有不祥的印象，故此最後更名。（若不知道何謂廣州黃花崗起義，歡迎自行向「Google 大神」求助。）

屋邨改名一波三折

眼見黃崗山邨這個名字意頭差，後來時任房屋司廖本懷建議不如改為「藏霞邨」，取自屋邨附近、現有過百年歷史的道觀「藏霞精舍」，但基於藏霞二字實在難寫難讀，於是取其諧音，正式命名為祥華邨。

三叉型大廈誕生地

全港首座 Y2 型大廈正是在祥華邨誕生，時間上比 Y1 型更早。下文會有更詳盡的講解。

大廈隱藏空中花園？

舊式公屋尤其着重休憩空間及設施的設計，而祥華邨亦有一個極為神秘的空中花園！空中花園原本位於祥德樓 35 樓，花園內包含氹氹轉和滑梯等設施，更是當時香港公屋之中最高的花園，昔日亞洲電視亦在 1986 年播出的節目中介紹過！不過空中花園現時已經不再對外開放。

大廈命名有心思！

10 座大廈名同樣以「祥」字開頭，若細心留意，並將全部大廈名字分成五組，就會得出和樂、順景、豐裕、禮頌、德智等詞彙，都是寓意美好生活及做人處世的期望。

作為一個極之不熟悉北區的外來人，遊走祥華邨其實比預期中有驚喜得多。祥華邨的公共空間設計頗為中式，例如有蓋行人通道、祥華商場等，加上屋邨內種植了不少樹木，綠草如茵，環境甚為優美；從這些細節都感受到建築師的心思，美觀程度不亞於同區的華明邨。

→ 祥華邨內的籃球場。

此外，畢竟祥華邨是粉嶺首個屋邨，故此在規劃初期，亦是設計成可自給自足的小社區 —— 商場、街市、冬菇亭、社區會堂、中小學等都一應俱全。在邨中更有多個籃球場和兒童遊樂場，但原來還不足以應付開邨初期的需求。其實屋邨內設置休憩設施的數量及分佈，多多少少都反映了上世紀 80 年代的社會及家庭結構狀況。《大公報》在 1986 年的報道指，當時邨內青少年比例超過四成，當政府發現該邨的兒童及青少年比例高，就在區內加建了幼稚園和青少年中心等設施。

→ 祥華邨亦設有「冬菇亭」。

五大不能錯過的
祥華邨景點

Aikosan 導讀

要遊走祥華邨，其實不難。祥華邨勝在地方雖小，但五臟俱全，要漫遊和觀賞的地方都相當集中。但緊記祥華邨除了它的中式走廊設計有特色，更重要是它是 Y 型大廈的發源地啊，一場來到，怎能錯過！

↑ 祥華邨的行人通道別具古典中式風情。

① 別具特色的
中式庭園設計

筆者對於祥華邨最為深刻的印象，莫過於屋邨的中式庭園風設計，由祥華商場以至有蓋行人通道等都滲透着同樣風格，配合四周綠草如茵的環境，為屋邨帶來優美的情調。看到屋邨商場的紅磚綠瓦，搶眼之餘同時散發古色古香的氣氛，可感受到建築師在規劃上的心思。

採用中式庭園設計的原因，其實是跟粉嶺的鄉郊歷史背景有關。根據《華僑日報》在 1984 年 4 月的報道，內容簡介祥華邨設計，指出「為配合周圍的鄉郊景色，祥華邨商場的特色，是採用紅牆綠瓦的古代中國式建築，邨內並有一個中國式花園和其他康樂設施。」大家到祥華邨的時候，不妨特別留意一下。

② 揭開Y型大廈的應用歷史！

Y2型大廈誕生之地

從地圖的俯瞰圖一眼就可看到Y型大廈確實呈Y字形，辨識度很高，相信不少香港人看到都覺得尤有親切感。事實上，Y型大廈於上世紀80至90年代相當流行，但由於其佔地較廣，故此較常見於大埔、沙田和屯門等新市鎮。而全港首座落成的Y型大廈，就是在祥華邨率先出現。

有關Y型大廈設計的報道，最早可追溯至1981年的《工商晚報》，當時報章採用「三叉型」代表Y型，標題為「最新三叉型公屋首批在粉嶺興建」。祥華邨共有兩座Y2型大廈，分別是祥德樓和祥智樓，前者於1984年落成，更是全港首座落成的Y2型大廈。值得留意的是，Y2型大廈（面積較大，多為4-6人單位）比Y1型（面積較小，多為2-3人單位）更早出現，故此稱祥德樓為Y型大廈的始祖也不為過！

101

↑ 細心留意，會看到屋邨的指示牌有九廣鐵路標誌，足以證明指示牌有一定歷史。

③ 歷史見證
懷舊屋邨方向指示牌

在 1984 至 1986 年落成及入伙的祥華邨，至今仍保留了歷史的痕跡。例如在屋邨巴士站附近，就有一塊白底綠字的大型指示牌，其字體以至設計感覺都相當懷舊，明顯跟近年新落成的屋邨的指示牌有所不同。此外，仔細觀察的話就可以找到另一小彩蛋，那是位於通往商場的天橋通道指示牌，在牌上找到已不存在的九鐵（即九廣鐵路）的標誌，童年回憶當堂返晒嚟！所以説，想更深入了解屋邨的歷史，其實可從不同設計細節着手，用心細味或許會令你會心微笑。

④ 1980 年代
常見木造遊樂設施

上世紀 80 年代，香港小童和青少年人口數量急增，故此當時政府在規劃屋邨的公共空間和設施時，投放了不少心思，例如特意在屋邨內設置多個籃球場及兒童遊樂場，以滿足小童及青少年居民的需要。而在祥華邨，就可找到仍以木材和金屬設計的兒童遊樂場設施。昔日的遊樂設施較流行以上述材料設計，對有一定年紀的街坊來説，零舍有親切感！

↑ 春天限定的魚木花景致 。

⑤ 春天限定！

巴士站旁的魚木花海

如果你喜歡攝影的話，記得在春天至少到訪祥華邨一次！皆因祥華邨種植了很多棵魚木（又稱樹頭菜），散佈在屋邨內的不同角落。每到春季時節（3至5月），一朵朵黃白色的魚木花就會盛開，形成一片迷人的花海，相當壯麗。筆者認為巴士總站旁的魚木盛放時，如花海一樣，效果震撼又浪漫，喜歡拍照的朋友記得預留日子一遊！

遊走祥華邨小心得

祥華邨是一個頗適合遊走屋邨新手到訪的屋邨，因為邨內大廈及設施方向的標示清晰簡單，而且大廈與公共設施規劃集中，幾乎沒有斜路，只有少量的樓梯；另外，馬路及道路等都很寬闊，不會予人壓迫感覺。

若要選擇最合適遊走祥華邨，甚至是打個靚卡的時間，筆者推薦 4 月初至中旬，此時魚木花開正盛。而在祥華邨內，尤其巴士總站旁種植了不少高大茂密的魚木，在開花之時，漫花紛飛，配上多幢 Y 型大廈及中式庭園的畫面，極之 instagrammable，保證親朋好友都會讚好！

屋邨資料

祥華邨 (Cheung Wah Estate)

屋邨類別
房委會租者置其屋計劃
地點
新界粉嶺新運路 38 號
入伙年份
1984 年至 1986 年
樓宇數目
10
樓宇類型
雙工字型、舊長型、Y2 型
樓宇名稱
祥禮樓、祥智樓、祥豐樓、祥頌樓、祥景樓、祥樂樓、祥順樓、祥德樓、祥和樓、祥裕樓

建議交通路線

港鐵
乘港鐵至粉嶺站並從 A2 或 C 出口出發，跟隨指示牌步行約 5 分鐘。
巴士
可乘搭巴士路線 261，在「祥華巴士總站」下車；或乘搭巴士路線 73B / 279X / 277X / 278A / 673，在「新運路」下車。

房屋實驗室
——嘗試再創新

香港公共屋邨在常規設計以外，其實亦有作出多番不同的嘗試，不論是大廈的建築、設施都有創新的設計，例如採用圓筒形或梯型建築，有些例子更是在一條屋邨內一次過嘗試不同類型的大廈設計，甚或是在屋邨引入游泳池和電影院等等。

興盛樓

107

獨有圓筒建
築的「原
則」與歷史

3.1 勵德邨

提到香港人較為熟知的公共屋邨，除了華富邨、彩虹邨和南山邨
這些「打卡公屋」外，位於大坑的勵德邨，憑藉它的全港唯一圓
筒形設計公屋大廈，同樣成為熱門打卡點。不單是香港人，勵德
邨更吸引了不少外國旅客前來打卡呢！無他，勵德邨不論是外觀
或內部，都有不少 instagrammable 的地方，着實讓人一見難
忘。這樣的設計，當年是一場革新的風暴，今日則成為城市記憶
中不可磨滅的一部分。

作為灣仔區唯一的出租屋邨，勵德邨背後的歷史同樣相當具話題性，由興建時期開始就已話題不斷，所以筆者在分享自己遊走勵德邨經歷的同時，亦有一些「花邊」故事可以跟大家詳談。事不宜遲，就讓我們漫遊勵德邨，細味其建築之美，並藉此探尋那些圓筒形建築背後蘊含的故事，以及它們與居民緊密相連的情感。

你所不知道的
勵德邨小故事

為紀念前工務司及房協委員而命名

原來勵德邨這個名字，是為了紀念一位前房協委員及工務司而改的？以前筆者聽到「勵德邨」時，單純以為屋邨命名是房協對居住地的一種寄寓或期望，但原來「勵德」是真有其人，所指的人就是鄔勵德（Michael Wright）！

鄔勵德除了是一位工務司，即是專責土地和城市規劃、公共工務等工作，他同時是房協委員及建築師。在其房協委員任內，他提出「鄔勵德原則」（Wright Principle），即是主張為每個單位設立獨立廚房和廁所，一反過往共用廚房和廁所的設計，故此早在 1952 年興建的上李屋邨，單位已有獨立廚廁，比當時共用

廚廁的設計更佳，亦可見鄔勵德重視基層的生活質素。

勵德主持勵德邨開幕

當年勵德邨開幕時，鄔勵德及其夫人都有親自前來勵德邨主持開幕呢！

解開勵德邨圓筒形大廈之謎

這個相信是不少人（包括我）曾想過的問題：為甚麼勵德邨的其中四棟大廈要設計成圓筒形？原來不是為標奇立異，更不是為風水，背後的原因可謂實際得相當不浪漫 —— 根據建築工程期刊 *Far East Builder* 在 1969 年的報道，內裏提及當時尚未建成的勵德邨將會設有四棟圓筒形大廈，而採用這種設計，是基於勵

德邨位於斜坡之上，地勢頗高，而圓筒形的設計是相對節省建築工程成本的方法，且是解決屋邨地勢問題最合適的方案。

高昂租金

事實上，勵德邨由未正式興建時，已經是當年的話題屋邨。筆者找到最早期（1970 年）提到勵德邨的報道，已提及未興建的勵德邨是「數以萬計居民所期待」，而報道亦指，基於該邨屬於廉租屋邨，即為申請入息較高的出租屋邨，當時房協已預告「申請人入息將提高」。事實上，最終公佈勵德邨的租金金額，是當時眾多廉租屋邨之中最高的一個，據《華僑日報》在 1972 年的報道，五人單位月租為港幣 $166，至於八人單位為 $238。

不足 3% 中籤率

由於位處大坑，跟不少豪宅毗鄰，又可眺望維港海景，以及其獨特的圓筒形大廈建築設計（圓柱大廈各單位內的浴室更設有浴缸）。莫說當時，即使以今日的公屋標準而言，都是極之奢侈的設計，故此即使勵德邨的租金在當時來說最高，交通又不算特別方便，也有不少人趨之若鶩。

據當時多份報章報道，首期只開放申請 1,600 個單位，但申請表收到接近 60,000 份。換言之，中籤率不足 3%，抽籤更打破慣例，要舉行兩輪，可見當時勵德邨是多麼的吸引，而當時中籤的住戶是相當厲害和幸運呢！

一座座的圓筒形大廈，不僅解決了建築成本與地勢的問題，更成為了城市中一道獨特的風景線。然而，勵德邨的故事遠不止於此。它的命名，是為了紀念鄔勵德這位前房協委員及工務司的貢獻，他改變了公共屋邨的設計理念，讓每個家庭都能擁有自己的廚房與廁所，這是對居住尊嚴的一種堅持。雖有着高昂的租金，但卻有接近六萬份的驚人申請數目，只為了那寥寥無幾的幸運，背後正反映了當時人們對於優質理想生活的盼望與渴求。

三大不能錯過的
勵德邨景點

這個屋邨的命名源於鄔勵德（Michael Wright），他除了是前房協委員和工務司，也是改變香港屋邨設計的關鍵人物。他令勵德邨不只是一個居住地，更是一個連接過去與現在的文化橋樑，見證了香港公共住宅發展的一部分歷史。一起走進勵德邨，感受其獨特的建築美學，並深入了解這些大廈背後的故事與歷史。

↑ 圓筒形大廈加上藍天白雲，實在無得輸！

① The One and Only
雙圓筒形設計屋邨

相信不少香港人，以至遊客對於勵德邨的第一，同時最為深刻的印象就是——全港唯一圓筒形大廈設計的公共屋邨，它的設計令人百看不厭，也絕不會有過時的感覺。勵德邨只有三棟大廈，分別為勵潔樓、德全樓及邨榮樓，而前兩者都是採用雙圓筒形設計，從高空鳥瞰則有如眼鏡般的形狀，外型別具玩味。

至於拍攝雙圓筒形大廈的最佳位置，其實並非在勵德邨內，個人推薦不妨沿着勵德邨道走遠點，站在大廈對面，從遠處拍攝，更能拍下雙圓筒形大廈的獨特的外觀。

② 打卡一流隱藏靚位！
與雙圓筒大廈合照

若覺得上述方法還是太花腳骨力，同時又想拍到自己跟大廈的合照，卻不能進到勵德邨的大廈內，那有其他選擇嗎？答案是 —— 有！

你可走到邨榮樓後方，沿樓梯上至一樓，就會發現那裏別有洞天：它除了是勵德邨的遊樂場和公園，更是遠眺雙圓筒大廈的一流地點，要拍攝一張自己跟大廈的靚靚合照，可説是 Easy Job！

③ 眺望大坑
豪宅級靚景

除了上述的招牌圓筒大廈，勵德邨另一個令不少人趨之若鶩之處，就是它座落富人區大坑，可説是以平民級的價錢，盡享豪宅級的美景！故此遊走勵德邨時，緊記要到屋邨內的商店街逛逛。除了是買點補給品的好時機，還要記得多走幾步，走至接近商店街盡頭，你就可從勵德邨眺望大坑的全方位靚景！根據個人經驗，幸運的話，更可看到美麗的日落，為遊走屋邨的一天畫上美好而滿足的句點，好不浪漫。

↓除了圓筒形大廈，其實勵德邨的豪宅級美景也是滄海遺珠呢！

→ 來到遊樂場和公
園這個隱藏打卡
靚位,就可以與
圓筒形大廈合影。

遊走勵德邨
小心得

勵德邨相比華富邨及石硤尾邨等，整體遊走難度分相對較低，因為勵德邨面積不算很大，而且公共設施的位置都相當集中，故此不需一小時的時間就能漫步完整個屋邨。雖然難度較低，但有兩點也希望大家多多注意～

明白很多人都實在好奇圓筒形大廈的內裏乾坤，亦很想到大廈地下拍攝出有如「井字型」公屋般的天井效果，但畢竟當地實為民居，門口亦已安裝鐵閘及設有保安，房協更在大廈出入口張貼告示，寫

明非住客不得內進，不難想像以往有多少人踴躍地進入大廈拍照了（苦笑）。所以在此強烈建議，參觀和拍照時要保持低調、保持低調、保持低調！盡量避免騷擾居民的日常生活啊！

另外，畢竟勵德邨位於山上，跟銅鑼灣或天后港鐵站均有一段距離，故此建議從銅鑼灣轉乘小巴前往勵德邨。記得起行前查清楚交通工具的相關資訊，那就可以節省體力和時間，一舉兩得！

屋邨資料

勵德邨 (Lai Tak Tsuen)

屋邨類型
房協出租屋邨
地點
大坑勵德邨道 2-38 號
入伙年份
1975 及 1976 年
樓宇數目
3
樓宇類型
雙圓筒形露台走廊式、長方形中央走廊式
樓宇名稱
勵潔樓、德全樓、邨榮樓

建議交通路線

巴士
可乘搭巴士路線 26 / 81 / 81A / 23B / 25A / 108 / 41A，並在「勵德邨巴士總站」或「勵德邨道」下車。
小巴
可乘搭專線小巴 21A / 25，在「勵德邨道」下車。

首設私人泳池的「全港最美屋邨」

3.2 祖堯邨

在荔景的山上，有一個在網民稱為「全港最美屋邨」的祖堯邨。全港最美屋邨，人人心目中的定義可能不一樣，但筆者認為祖堯邨確實名不虛傳！

祖堯邨為房協轄下的出租屋邨之一，它的美源自於多個方面：一、全個屋邨均以鮮明的橙白色作為主調，看起來相當搶眼，容易讓人留下深刻印象；二、屋邨規劃細節充滿心

思，即使你不是住客，只要身在屋邨內的公共空間，你也能感受到其廣闊和舒適；三、屋邨不少位置均面向全球最繁忙海港 —— 葵青貨櫃碼頭，有着無敵的醉人景致。單是以上的原因，已足夠讓祖堯邨成為全港最美屋邨，還不夠嗎？

以下就為大家介紹這條「全港最美屋邨」背後的多個小故事，看看由1970 至 1980 年代落成以來，它們是如何編織成今日祖堯邨的面貌。

你所不知道的 祖堯邨小故事

名字紀念房協始創委員

為何屋邨會名為祖堯邨？原來是為了紀念房協始創委員之一的關祖堯爵士（Sir Cho-Yiu Kwan）。除了整條屋邨，邨內的祖堯天主教小學，同樣是為了紀念關爵士而命名。

著名則師樓手筆

祖堯邨的建築工程項目，是由巴馬丹拿集團（Palmer & Turner Group，P&T）負責，若對建築稍有認識的讀者，可能早已略聞過這個名字。巴馬丹拿是一所獲獎無數的國際設計公司，而彩虹邨、坪石邨、祈德尊新邨及興民邨等都是出自他們的手筆呢！

得獎建築屋邨

祖堯邨憑藉出色的建築設計與規劃，成功獲得 1981 年香港建築師學會年獎優異獎，有着備受業界肯定的設計及成就。

↑ 祖堯邨行人天橋上的升降機大堂也很有懷舊的味道。

部分單位為上居下舖

祖堯邨單位面積比一般以往房協單位更為寬
闊，更重視住客的生活質素。另外，邨內原
來也有上居下舖？早在開邨初期，房協為了
吸引更多商戶進駐祖堯邨，加上當時地鐵荃
灣線尚未通車，出入葵涌至市區的交通不甚
方便，於是房協在其中四座的商舖上層，設
置了 26 個居住單位，並連同下層商舖一起
出租。時至今日，交通網絡改善，居民外出
購物消遣變得很方便，令邨內多個商舖及居
住單位長期空置，但近年這些單位都已改為
一般單位出租。

五大不能錯過的
祖堯邨景點

Aikosan 導讀

探索祖堯邨，這個位於荔景的獨特社區，它不僅因其醉人的貨櫃碼頭海港景色而聞名，更因其獨有的社區設施和豐富的歷史背景而受到讚譽。祖堯邨是香港公共房屋的一個典範，展示了房協對提升居住質量的承諾。屋邨設計突破傳統，包括全港首個公共屋邨泳池和多個居住與商業空間的獨特結合，提供了一種全新的社區生活方式。此外，祖堯邨的建築風格和社區佈局反映了香港的文化與現代化融合，使其成為研究城市規劃和公共住宅發展的絕佳案例。

啟敬樓

相信大家來到祖堯邨的時候，很難不會被那高聳入雲的啟敬樓所吸引。啟敬樓位於地勢頗高的荔景山上，加上本身的建築設計相當高，樓高足足達 38 層，故此啟敬樓曾經是全球最高的公共屋邨建築物！

不過啟敬樓最大特色之處，其實是它的「錯層式設計」。若仔細留意，可發現大廈是每三層就會有一條類似行人長廊的天橋連貫，結構及路徑都相當複雜。原來這種錯層式設計是為了增強住戶間的社區連繫而設，特意設計成每三層才有一部升降機；加上祖堯邨大廈內有多達八條樓梯，而每條樓梯就做到一梯兩伙，據稱這種設計也是為了增進社區鄰里之間的感情，透過建築將住戶間的距離進一步拉近！

② 無敵靚海景
屋邨專屬泳池

公共屋邨都可以有游泳池？Nothing is impossible！祖堯邨正正就是全港首個設有專屬游泳池的屋邨，雖然沒有奢華的水上遊樂設施，但游泳池坐擁遼闊無遮擋的葵涌貨櫃碼頭景致，實在無得彈！畢竟即使是私人屋苑，亦不是每個都有私人游泳池，更何況是公共屋邨呢，故在當時而言可說是相當劃時代的建設，也讓不少街坊都相當羨慕。即使時至今日，亦只有祖堯邨及乙明邨擁有私人泳池，十分罕有和珍貴！

屋邨游泳池於 1981 年正式啟用，早期只限祖堯邨住客、屋邨內兩所學校的學童以及邨內福利社團的會員使用，確保游泳池是住客限定。泳池收費亦相當「佛心」，成人由港幣 $2 至 $3 不等，小童則為 $1 至 $2，可說是相當照顧到住客的經濟負擔能力，務求與眾同樂！

③ 全港首創長者宿舍
松齡舍

若走進祖堯邨，記得留意屋邨內零零舍舍一座單棟的矮小樓宇，是為松齡舍。松齡舍是專為長者而設的公屋單位大廈，據指其設立目的是讓「家有一寶」的住戶家庭可以隨時隨地探訪長者，相當貼心！

松齡舍樓高只有四層，雖然不設升降機，但樓層與樓層之間除了樓梯，更設有斜路，方便以輪椅代步的長者出入。另外，它的設計其實類似四合院的形式，即大廈內設有中央園庭，可讓長者晨運休憩，更有種遠離繁囂的寧靜之感呢！

ⓐ 祖堯邨游泳池坐擁無敵葵涌貨櫃碼頭景致。

ⓑ 松齡舍於 1978 年設立，為長者提供獨立居住式房屋。

中央廣場

想觀賞祖堯邨宏觀景致，同時感受屋邨社區的熱鬧氣氛，就別錯過堪稱是祖堯邨的街坊聚腳點 —— 屋邨中央廣場。中央廣場連接着屋邨商場和學校，並設有兒童遊樂場等設施。站在中央廣場，可清晰拍攝到祖堯邨啟敬樓，其外牆則大剌剌地刻上「祖堯邨」三個字，絕對是祖堯邨地標，怎可能不打卡留念呢！

順帶一提，此中央廣場在開邨初期，曾舉辦地區嘉年華「祖堯日」，當年參與的街坊人數極多，人頭湧湧，堆滿整個中央廣場，極之墟冚！

↓→ 祖堯邨中央廣場地方寬廣，小朋友愛在這裏玩樂，
不少街坊也常在此乘涼談天。

⑤ 錯綜複雜

但用家友善的行人通道

記得好好欣賞祖堯邨內錯綜複雜的行人通道設計！
祖堯邨依山而建，大廈與大廈之間需要透過行人天
橋以及升降機連接，如果沿着行人通道走，可以遙
望祖堯邨高低不同的面貌，要是走到最高層的行人
通道（即是啟勉樓），那裏看到的祖堯邨，一方面
如小小的積木般有趣精緻，另一方面可看見大廈與
大廈間猶如層層疊般的神奇效果！

遊走祖堯邨
小心得

祖堯邨位於山上，地勢較高，亦跟港鐵荔景站有段距離，故此筆者建議，除非你想鍛煉身體多做運動，或是時間極為充裕，否則最好乘車直接抵達屋邨，保留更多體力遊走屋邨！

祖堯邨雖然只有八座大廈，但由於佔地面積廣闊，如果你選擇在春夏時分遊走祖堯邨，建議最好準備充足的飲用水，用作補充體力。不過更為重要的是，記得在遊走祖堯邨前，預先在其他地方吃頓飽飯！祖堯邨雖有屋邨商場，但酒樓和茶餐廳只有三兩間，其餘的都是超級市場、便利店或是其他日常生活用品店，餐廳選擇少得可憐（食物質素見仁見智），所以記得出發前，食飽啲！

→ 依山而建的祖堯邨，大廈與大廈之間靠多條行人天橋連接。

勿攀爬
IMBING OVER

祖堯邨 (Cho Yiu Chuen)

屋邨類型
房協出租屋邨

地點
葵涌麗祖路 1 至 5 號 / 念祖街 2 及 3
號 / 榮祖街 2 至 6 號

落成年份
1976、1978、1979、1981 年

樓宇數目
8

樓宇類型
中央走廊式及露台走廊式、中央走廊
式、錯層式長型、錯層式井字型

樓宇名稱
啟真樓、啟光樓、啟廉樓、啟謙樓、
啟恆樓、啟勉樓、松齡舍、啟敬樓

建議交通路線

港鐵
可乘搭荃灣線或東涌線至荔景站，步
行約 10 至 15 分鐘前往。

巴士
可乘搭巴士 30 / 45 / 46 / 269M，並
在「祖堯巴士總站」下車。

小巴
可乘搭小巴 46M / 47M / 91A / 93 / 93A
/ 411，並在「祖堯巴士總站」下車。

香港公屋
發展中的
滄海遺珠

3.3 大興邨

如果想深入了解香港公共屋邨,從大廈外型入手是最簡單直接的方法。由於大廈設計隨着時代及社會變遷而作出不同的改良,以致香港公共屋邨樓型相當多元化,而且富有時代特色。當中最為人熟悉的,相信是 Y 型、人稱「井字型」的雙塔式,及較近代的和諧式設計;不過,在公屋多年的變化和發展中,亦有不少滄海遺珠值得大家發掘,就好像本文介紹的大十字型(Cruciform Block)設計。

大十字型設計「年資」有 40 多年，雖然落成及應用的屋邨不多，但其出現卻證明了香港公屋的變化進程，以及當時政府勇於嘗試和創新的精神。

提及大十字型大廈設計，當然不得不提到位於屯門的大興邨。這一篇就帶大家以文字遊走大興邨，看看這個看似尋常，但別具時代意義的屋邨，內裏到底有甚麼乾坤！

你所不知道的
大興邨小故事

屯門區內現時最悠久屋邨

大興邨是屯門區的第二個公共屋邨，早於 1977 年就落成入伙，是繼新發邨後下一個落成的屋邨。隨着新發邨在 2002 年清拆，大興邨就順理成章地成為現時屯門區內歷史最悠久的屋邨，有着逾 40 年的歷史。

首個公共屋邨採用大十字型設計

大興邨是全港第一個採用大十字型大廈設計的公共屋邨。有關大興邨較為早期的中文報道，可追溯至 1976 年的《工商日報》及《華僑日報》，當時兩篇報道均已預告大興邨將於翌年（即 1977

年）年底落成入伙，亦率先介紹其大十字型大廈設計，並指出此設計「能夠提供多種面積之居住單位，低層之單位較大，高層者較細。每層樓之走廊較短，因此住戶之間關係更加密切」，清楚簡介了選擇興建大十字型住宅的原因。

曾經擁有全港最高的公屋大廈？

1970 年代香港人口急速膨漲，市區之居住環境極為擠擁，新市鎮因此應運而生，屯門區正是其中之一。當時較為常用的舊長型大廈（Old Slab）已不足以應付當時的人口需求，故此如何利用一棟大廈安置更多居民，成為當時政府在建屋議題上的主要考慮

因素。有別於舊長型設計，大興邨的大十字型大廈的一個劃時代特點，在於它的樓層高度。以往的舊長型以至雙塔式，樓高從來都不會高於 30 層，但大十字型就很不一樣，由於大廈結構上窄下闊，基礎更為穩固，容許建築物興建更多層數，同時讓每棟大廈可容納更多住戶。

大興邨大部分的大廈樓高 30 層（舊長型設計的興偉樓除外），在當時而言已經是相當高，故此也成為擁有全港最高公屋大廈的公共屋邨。據《工商日報》在 1977 年 12 月的報道，明確指出大興邨的大廈「是至今為止公共屋邨的最高樓宇」，這個紀錄直至荔景祖堯邨啟敬樓的落成（樓高 35 層）而被打破。

經典奇案集中地

香港有不少屋邨都以「猛鬼」或都市傳說聞名，例如佈滿神佛像和曾集體發現 UFO 的華富邨，或是前身為墳場的順利邨等。至於大興邨也因一個相當獵奇的原因而著名，就是無獨有偶地不少經典奇案均在此發生，例如轟動一時，令女士們聞風喪膽的「屯門色魔」，還有在 1999 年發生的「鹽醃屍案」等等，故此大興邨流傳着不少恐怖的屋邨鬼故事。

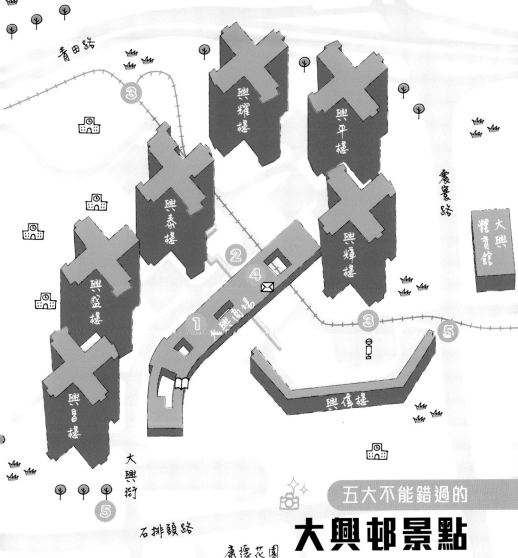

青田路

興耀樓

興平樓

震寰路

大興體育館

興泰樓

興輝樓

興盛樓

興興商場

興昌樓

興傢樓

大興街

石排頭路

康德花園

河旺街

五大不能錯過的

大興邨景點

Aikosan 導讀

探訪大興邨，不單單是對香港公屋歷史的一次回望，更是一次對城市變遷的深刻感受。這個位於屯門的歷史屋邨，自 1977 年建成以來，見證了香港社會與建築的變遷。大興邨不僅是香港首個採用創新大十字型設計的屋邨，更憑着其獨特的建築風格和人文景觀，吸引了無數攝影和歷史愛好者的目光。

① 全港首座
大十字型大廈

大興邨是首個興建大十字型大廈的公共屋邨，因此順理成章成為它標誌式的賣點。除了大興邨，位於觀塘的順安邨亦同樣採用大十字型設計，它們是全港「唯二」擁有大十字型設計的公共屋邨。

如果想拍攝大興邨的特色大十字型大廈，建議可到商場天台樓層，由於商場位於屋邨中心，你可在此拍攝到「四面環樓」的大興邨風景，若遇上藍天白雲的話，美照指數立即 Level Up！

② 僅餘的三分之一個
海報亭

又係海報亭？沒錯！

大興邨恰巧就是繼前文的愛民邨和瀝源邨後，全港最後一個現時仍然擁有海報亭的公共屋邨。有關海報亭的歷史及特色，在此不贅，但若有集郵癮，想一次過跟全港三個海報亭打卡的話，就記得到大興邨商場地下對出找它拍照啦！

③ 日系風景打卡位
大興南北輕鐵站

有否想過，在屯門的公共屋邨內都可以拍攝到日系風的美麗相片？其實，大興邨另一個特色之處，就在於它是少數有輕鐵貫穿的屋邨，內裏分別設有「大興（南）」及「大興（北）」兩個車站。在地面行駛的輕鐵，外型本身就別具特色，配合戶外的候車月台、個性鮮明的大十字型大廈及其淺米色牆身，想拍攝美照絕非難事。

建議可在輕鐵車軌附近拍攝輕鐵駛過的相片（當然要注意安全），或是從接駁商場的行人天橋上拍攝，能輕易捕捉乾淨明亮的構圖，可讓整張相片看起來相當日系和優美！

↑↓ 戶外的輕鐵月台配上大興邨個性鮮明的大十字型大廈，想拍攝日系美照？輕鬆！

④ 新舊對比的商場

懷舊商店街

大興邨的商場主要分為兩部分,其中一部分規模較小,而且以連鎖餐廳和便利店為主,裝潢亦明顯地新淨得多;至於另一部分,呈長條形,不設冷氣,店舖亦以進駐屋邨多年的小店為主。因為小店歷史較為悠久,故此保留了上世紀 80 年代的味道,這些散發懷舊風味的店舖小為數不少,如診所、辦館士多、五金行、文具店、家庭用品店等等,相當多元化。若想感受大興邨老舊情懷一面,記緊到屋邨商場逛逛!

⑤ 出入口標誌保留

舊式設計字款

大興邨有兩個主要出入
口，有趣的是每個出入
口都有保留舊式設計字
款的標誌，看起來相當
有時代感。雖然要在同
一天拍攝兩個出入口或
會比較麻煩，但記得不
要錯過啊！

遊走大興邨小心得

大興邨可參觀拍照的地方極為集中，只要走到屋邨商場一帶，基本上就可拍攝大興邨的大部分景點。唯一要注意的就是，若想走勻屋邨的兩個出入口打卡拍照，建議規劃路線時可從其中一個入口進到大興邨，然後從另一個出入口離開，就不會錯過任何一個特色標誌。

另外，大興邨的打卡點主要在戶外，而且舊翼商場不設冷氣，商場天台位置更幾乎無遮無掩，故此在春夏間遊走大興邨，記得帶多點水，以及準備一把小巧的電風扇！

大興邨 (Tai Hing Estate)

屋邨類型
房委會出租屋邨
地點
新界屯門大興街 2-6 號、大方街 1、2-6 號
入伙年份
1977 至 1980 年
樓宇數目
7
樓宇類型
大十字型、舊長型
樓宇名稱
興昌樓、興輝樓、興平樓、興盛樓、興泰樓、興偉樓、興耀樓

建議交通路線

輕鐵
可乘搭 507 或 610 至大興（南）站或大興（北）站。
巴士
可乘搭巴士 66M / 66X / 258D，並在「大興巴士總站」下車。

走進屢獲
殊榮的
綠色迷宮

3.4 美林邨

筆者一直很喜歡沙田區的公共屋邨，認為區內不少屋邨可説是
香港上世紀 70 至 80 年代時期公屋的最佳示範。除了外型或
創新或優美，同時能在設計規劃時兼顧實用性和用家（即街
坊）的感受，可謂情理兼備，賞心悅目。當中，不得不提大圍
的美林邨，筆者早已聽聞過此屋邨的建築設計的確很美，但自
己總是「過門而不入」，直到嘗試認真遊走美林邨，才發現這
個看似平凡的屋邨，其實不只是設計美觀那麼簡單啊！

你所不知道的 美林邨小故事

美林邨非本名也！前稱「梅林邨」

美林邨是沙田區第五個屋邨，同時是香港第 106 個屋邨。美林邨前稱「梅林邨」，但自 1979 年末起的報道則改稱為美林邨，改名原因不明；由 1981 年正式入伙，前後分了三期，最後一期於 1985 年左右入伙。

香港屋邨罕見！兩度奪得建築設計獎

有兩項鐵一般的事實不得不提——原來美林邨先後在 1982 及 1987 年，獲得香港建築師學會年獎頒下的優異獎和銀牌獎，讓屋邨的設計備受肯定。同一項目在五年內兩度獲得香港建築師學會年獎肯定，是相當罕見的呢！

1981 年首批入伙住客「最佳聖誕禮物」

翻看 1981 年有關屋邨入伙的報道，原來首批入住美林邨的街坊，部分是在沙田臨時房屋區居住了相當長時間的居民，而辦理入伙時間是在聖誕前夕，換言之，只要居民作簡單裝修就可趕及在聖誕成功「上樓」，歡渡佳節！當時亦有報章以《美林邨第一期樓宇落成 / 首批住客忙於裝修 / 早日入伙歡渡聖誕》為題，相信對當時新居入伙的街坊而言，是期盼已久及最滿意的聖誕禮物啊！

已「乾塘」屋邨水池有實際功能？

若有留意美林邨的話，或會知道美林邨商場外有一個已「乾塘」的水池。那個水池原來是有實際作用的！根據《華僑日報》在 1981 年的報道，指水池「實際上是商場空氣調節設備的冷卻系統部分」。心水清的讀者，應記得這點跟同區的瀝源邨地標噴水池有着同樣的功用，並不只是美觀和散熱那麼簡單。今日水池如此荒廢，實在十分可惜呢！

時任港督親自主持開邨儀式

在 1982 年 11 月時，時任港督尤德爵士來到美林邨，親自主持屋邨的開幕禮，可見當時政府相當重視美林邨的規劃和興建，並認真對待。此外，當年美林邨首期落成不久，房屋委員曾到場巡視，並「一致認為已完成及進行中的新工程，令人留下深刻印象」。

美林邨自 1981 年起，就為沙田區帶來了一抹獨特的風景。它不僅是香港第 106 個屋邨，更是一個充滿故事和歷史的社區。從兩次獲得建築設計獎的榮譽可見，美林邨不只是提供了住屋，它代表了一種對美好生活的實現和追求。首批入伙的居民就將這裏視為最佳聖誕禮物 —— 從沙田臨時房屋區到固定居所的轉變，承載着家的溫暖與希望。

六大不能錯過的
美林邨景點
①③④ 遍佈全邨

美城苑

美楸樓

美林體育館

大圍明渠／城門河

美揚樓

美林商場

美楓樓

美桃樓

大埔公路大圍段

青沙公路

青沙公路

Aikosan 導讀

那個曾經有實際功能的乾塘水池，以及時任港督尤德爵士親自主持的開邨儀式，都為美林邨的歷史添上了重要的一筆。每一處角落都散發着對生活細節的關懷與設計之美，美林邨不僅是居民的家，更是記憶和歷史交織的空間，靜靜地在沙田這片土地上，述說着自己的故事。

① 令人一見難忘的綠
主題配色遍佈全邨

先旨聲明，筆者雖然曾是半個沙
田友，但大圍一帶的公共屋邨其
實還是較少接觸，故此與美林邨
之間的回憶及連結，僅限於偶爾
乘巴士時會經過，或是某年夏天
跟朋友百無聊賴，走入美林商場
買雪糕，that's all。對美林邨印
象較為深刻的是它的綠色相當鮮
明，我覺得簡直是屋邨的代表顏
色！從外觀看，已能看到整個屋邨
由商場、大廈到屋邨招牌等，都用

上深淺不一的綠色貫穿，加上屋邨內外種植了甚多樹木，感覺相當連
貫且具層次感；印象中同區的屋邨都沒有採用相同色調的設計（採取
相同色調的屋邨，可能要數港島區的小西灣邨了），所以一説到大圍
美林邨，個人首先聯想到的，就是它的綠。

「三角朱古力」裝飾

對筆者來說，它是比美林邨體育館更代表到美林邨的招牌！若有充裕時間遊走美林邨，記得走上屋邨商場的天台，你就會找到天台中間有超過 20 個三角朱古力形狀的裝飾，工整地排列着，形成一個巨大的八角形。裝飾塗上淺綠色，配合天台四面環繞的大廈，有種和諧一致的感覺。

但其實筆者覺得從前的三角形裝飾更加美觀精緻 —— 查看以往介紹美林邨房委會的刊物，發現那些三角形裝飾曾塗上五彩繽紛的顏色，又粉紅又粉黃又粉藍，看起來十分賞心悅目！不知道你會比較喜歡哪種顏色配搭呢？

型格字體

除了大廈設計，筆者認為美林邨內亦有不少細節的設計很有心思，而且極具幾何及線條美。例如每座大廈門口的紅色或白色大字，標示着大廈名稱，字型雖簡單，但已很有美感，又不失型格英氣。

↑ 圖左是三連座工字型樓宇設計，
圖右則是雙「I 字」型大廈。

④ 四種大廈類型
一次過見盡

雖然全個屋邨只有四座大廈，但每座大廈的樓宇類型都沒有重複，
相當多元化，它們的共通點是均屬 1980 年代早期常見之公屋建築
樓宇類型，例如美愧樓的 Y1 型、美楊樓的舊長型和美楓樓的雙連
「I 字」型等，可見當時政府在建屋方面努力嘗試應用不同類型樓
宇，這種勇於嘗試的精神可説是相當難得。

⑤ 如紅海般一分為二
的經典大水渠

美林邨被連接城門河上游及下游的大
圍明渠分為兩部分，這個如摩西分紅
海般一分為二的景象是美林邨的標誌
之一。筆者起初還想，那麼居民出入
豈不是很不方便嗎？尤其在大雨天的
時候，但一來原來接駁明渠兩邊的橋
不止一條，二來明渠令邨內的環境寬
闊開揚得多；另外，從明渠兩邊所觀
看的景色感覺也很不一樣，各有美
態，着實讓人印象深刻。

↑ 橫跨大圍明渠的其中一條天橋，
有一些尖角設計擺放花槽和座
位，頗為特別。

↓ 美林邨被大圍明渠分成兩部分，形成如紅海般一分為二的經典景象。

遊 走 香 港 屋 邨 誌

⑥ 暗藏 80 年代
風格的屋邨商場

筆者一直認為，一些屋邨商場才是最能反映屋邨原本面貌的地方。至於美林邨，雖然近年商場亦無可避免地經歷大翻新，但若仔細留意，你仍可從商場多個細節中看到昔日美林商場的風采。尤幸商場尚有部分老店營業，而且部分裝潢更保留 1980 年代的風格，如地板設計和暗紅白間的牆身、快餐店對出的長走廊等……在商場中尋找懷舊的足跡，是遊走屋邨的其中一種樂趣。

↑ 美林商場部分裝潢保留舊日的風格，讓人彷彿回到 1980 年代。

遊走美林邨小心得

美林邨雖然全邨只有四棟大廈，但勝在公共空間夠大夠寬闊，由屋邨商場、街市、學校、體育館、冬菇亭以至公園和休憩空間等，都完全感受到建築師在規劃屋邨時的心思及細節上的考慮；加上屋邨內種植了甚多樹木，務求為居民帶來更舒服宜人的居住空間，完全值得一讚和細心欣賞。

另外，筆者有個小小的溫馨提示，如果你自問是一個着重設計細節的人，記得花時間在屋邨中慢慢散步，千萬不要錯過屋邨的指示牌、裝飾、招牌等等的設計，相信你會發掘到驚喜處處，並更明白建築師在設計屋邨時的心思！

屋邨資料

美林邨 (Mei Lam Estate)

屋邨類型
房委會租者置其屋計劃
地點
新界沙田大圍美田路 30 號
入伙年份
1981 年、1982 年、1985 年
樓宇數目
4
樓宇類型
雙 I 型、舊長型、三座相連工字型、Y1 型
樓宇名稱
美楓樓、美桃樓、美槐樓、美楊樓

建議交通路線

港鐵
乘港鐵至大圍站並從 A 或 D 出口出發，步行約 10 - 15 分鐘即可到達。
巴士
可乘搭巴士路線 80 / 81 / 82K / 283 / 286X，並在「美林邨」下車。

唯一擁有
文青風戲院
的屋邨

3.5 駿發花園

若你自問是（偽）文青，或是愛好非主流電影的影迷，相信絕不會對油麻地百老匯電影中心感到陌生。它是九龍區較為早期就播放非主流電影的戲院，加上隔壁設有咖啡店和書店，故此成為不少文青及影迷的聚腳地。

許多人知道百老匯電影中心位於駿發花園，那裏環境旺中帶靜，算得上是素來熱鬧的油尖旺區中的一道清泉；但又有多

少人知道，駿發花園並不是單純的屋苑，其實它是一個房協轄下的住宅，且屬於公共屋邨？現在，就讓我們來揭開這個鬧市小綠洲的面紗吧！

駿發花園小故事

前身為「油麻地六街」

駿發花園的前身為「油麻地六街」，即由東莞街、利達街、祥瑞街、眾坊街、廣東道和澄平街六條街組成的街區。街區中 112 棟為戰後早期樓宇，並於 1975 年收歸政府物業，後來再交由房協重建。

為安置居民而建

當年興建駿發花園的目的，是為了安置受馬頭角綜合重建計劃影響的原居民，故此駿發花園的五座大廈中的第五座是屬於出租屋邨。

屋邨戲院為得獎建築項目

百老匯電影中心在 1996 年落成及營運。到底為何會在屋邨設置戲院，實際上已不可考。但回溯香港屋邨發展史，可發現電影中心並非屋邨戲院的孤例。早在 1981 年，位於觀塘區的順利邨就設有順利戲院，另外青衣長發邨、樂富邨等其實亦曾設有屋邨戲院；相對之下，擁有逾 30 年歷史的百老匯電影中心，「年資」可說是很淺呢！

如果曾到訪百老匯電影中心，相信都會受戲院內與別不同的氣氛吸引──看起來很簡約而冰冷型格的線條和物料，加上戲院偏昏黃的燈光，與書店咖啡店的明亮形成強烈對比；即使到了今日再看，也不會覺得設計過時，反倒有種歷久常新的感覺。

原來百老匯電影中心憑藉出色的建築及室內設計，奪得香港建築年獎（HKIA Annual Rewards）的「會長獎狀」，成就獲得肯定！

曾計劃在中央廣場興建噴泉？

駿發花園面積雖然不算大，但也設有中央廣場予居民休憩玩樂。現時看起來很廣闊的半圓中央廣場，原來在規劃時曾想過在此興建噴泉。

數年前房協曾舉辦活動「跨代共融遊樂空間設計比賽 —— 駿發花園」，當時活動有簡介駿發花園的背景，並指出在 1987 年規劃的時候，其實是想在中央廣場設置噴泉作為休憩公園的一部分，查看當年的圖則也可找到中央噴泉設計構思的痕跡，但最終在駿發花園興建時，並沒有加入噴泉，取而代之的是今天可見的中央廣場空地。至於為何最終有這個決定，則不得而知了。

高價版出租屋邨

駿發花園屬於房協「市區改善計劃」項目，共設有五座大廈，當中四座為可於市場自由買賣的屋苑單位，至於第五座（即是地下有超級市場的那一座）則是出租單位大廈；不過有別於房協大部分的甲類出租屋邨，駿發花園為乙類出租屋邨，在租金方面會較前者高昂，租金約為港幣 $5,000 多至 $6,000 多左右。

↑ 從眾坊街入口步進駿發花園，就會看到右邊是「屋邨戲院」百老滙電影中心。

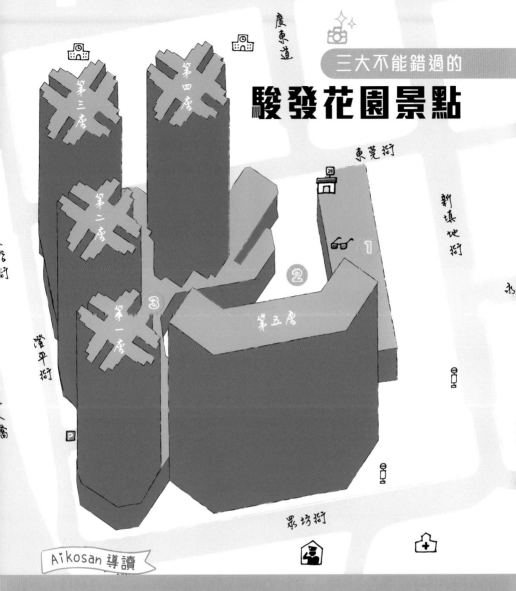

三大不能錯過的
駿發花園景點

廣東道

東莞街

新填地街

第三座

第四座

第二座

第一座

第五座

澄平街

Aikosan 導讀

眾坊街

駿發花園不但提供了居住空間，還成功地將生活、藝術和社區互動融為一體，創造出一個多功能的生活體驗區。無論是逛書店沉浸於書海之中，還是在咖啡店與朋友分享對電影的看法，或是在戲院裏觀賞一場激發思考的電影，駿發花園都能讓文化愛好者在都市的喧嘩中找到一處安靜的角落。這裏不單是一個屋苑，更是一個文化的聚集地，一個讓人們放慢腳步，享受生活的小天地。

① 現存全港唯一
屋邨文青戲院及書店

百老滙電影中心是全港現時唯一擁有並尚在營運的屋邨戲院。

百老滙電影中心的設計是由張智強（Gary Chang）聯同陳詩華（Michael Chan）的 Edge Design Institute Ltd 主理。從當年的一些建築期刊中，可了解電影中心的設計及佈局概念。縱然曾經歷大翻新及裝修，但在讀完那些期刊後，筆者敢肯定今日的電影中心，仍有保持一些早期設計的特有元素。

回看當年的設計師訪問，才知道電影中心在建築設計初期曾遇到一大難題：資金預算緊絀。不包括戲院器材，戲院設計預算其實只有港幣 600 萬；預算雖緊絀，但一切還是事在人為 —— 於是設計師就將電影中心設計的方針定位成 "More or Less"，即「或多或少」。

何謂「或多或少」的設計理念？設計師聯想到電影中心位處的駿發花園，前身是油麻地六街，加上果欄就在戲院附近，其略帶殘破的建築，恰好帶來靈感。他們以油麻地的草根背景為靈感，刻意採用一些很本土，同時感覺很粗糙的建築物料，如清水混凝土、波紋狀的瓦楞、還有鍍鋅鋼等，並刻意將天花板不完全掩蓋，讓結構外露，又將水管和天線或外露或隱藏等，這種簡陋中卻見細節的做法，反而更能將戲院與附近環境形成呼

應，並自然地融為一體，突出戲院與地區的連繫。

今時今日，絕大部分戲院都位於商業大廈裏面，電影中心則罕見地是一座獨立建築物，而它龐大同時線條簡單的純白色外觀，看起來就好像昔日的火車站。其實戲院跟火車站都有很多相似之處：同樣設有出入口、售票處、咖啡店、等候區、佈告板等。兩者的相通之處，為設計師帶來靈感，於是早期的電影中心，刻意融入舊式火車站般的設計。設計師更在戲院添置巨型時鐘，就如同火車站的時鐘，可說是戲院的一大焦點。

另外，仔細一看，可發現電影中心的燈光跟坊間戲院很不一樣：坊間的戲院一般都明亮乾淨，但電影中心偏偏昏黃得很，只有分隔開的租借影帶及 CD 店、書店和咖啡店的燈光明亮得多，原來這種設計亦是有意為之。電影中心公共空間的燈光如此低調，是為了仿照黑夜中的大街小巷，至於店舖的明亮燈光，就是為了營造一種溫暖而帶有親切感的窩心感覺；透過刻意的強烈對比，呼應電影的本質：從現實拉至幻象，如幻似真，是不少人心靈上的避難所。猶如火車站的戲院設計，則把觀眾從夢幻拉回至現實，帶來不一樣的觀影旅程和體驗。

讀報了解到設計師如何費盡心思後，筆者衷心地認為設計這回事真的很厲害呢！以後遊走屋邨時，大家都不妨更仔細地觀察，說不定會有更多意外的發現！

中央廣場

若曾經在駿發花園看電影，可能也試過在位於正門牌坊後的中央廣場等人或等進場。中央廣場設計原意，正正就是為街坊提供休憩玩樂的空間，四周更種植了灌木點綴環境，如果於日間坐在中央廣場，更能感受到市區中的難得一片寧靜。

今日的中央廣場，甚至有房協與本地插畫師 Chocolate Rain 合作的牆身插畫點綴，插畫都是以駿發花園和電影作為主題，相當有趣，大家經過時不妨駐足欣賞！

③ 認識房協的前世今生

房協展覽中心

如果你是屋邨迷，不可以錯過到訪駿發花園的機會。因為駿發花園內，設有房協展覽中心，可讓你深入了解有關房協的歷史及變遷。房協展覽中心分為三大主題展區，除了展出房協的發展資訊及具歷史意義的展品外，更首次採用3D裸眼視覺效果及沉浸式LED球幕等體驗裝置，加上互動教育遊戲及多媒體之應用，讓大眾全方位認識房協的工作、使命和願景。

房協展覽中心於2024年3月完成翻新業重新對外開放，更會定期舉辦展覽導賞，為大家講解房協與屋邨的故事。

↑ 房協展覽中展出了很多具歷史意義的展品，帶大家回味昔日的屋邨生活。

遊走駿發花園小心得

駿發花園勝在位於市區，交通極為方便，從油麻地港鐵站走路過去也不需 5 分鐘，而且駿發花園的實際面積不算大，若只為遊走屋邨和打卡拍照的話，其實半小時內已能完成參觀。

但筆者認為，來到駿發花園，最理想的當然是找一齣電影看看，並可從中感受設計師在構思戲院設計時的細節和心思；如果沒有適合的電影，到戲院隔壁的書店和影音店逛逛，也可待上大半天。不過要留意，戲院內部和書店嚴禁拍照，大家不妨放下手機或相機，用心感受。

如果對電影音樂閱讀興趣不大，也別錯過不久前才翻新好的房協展覽中心，展覽裏面有很多互動式體驗，讓你可以輕輕鬆鬆地了解房協的歷史，身為屋邨迷的你當然不可以錯過。但若想參加展覽導賞，須先到房協官方網站預約，那就更能深入了解屋邨的故事了！

屋邨資料

駿發花園 (Prosperous Garden)

屋邨類型
房協乙類出租屋邨及「市區改善計劃」屋苑

地點
九龍油麻地眾坊街 3 號

入伙年份
1991 年及 1996 年

樓宇數目
5 座中 1 座出租

建議交通路線

港鐵
可乘搭荃灣線或觀塘線至油麻地站，步行約 10 分鐘。

巴士
可乘搭巴士 36B / 46 / 203E，並在「上海街」下車。

第四章

褪不了的
西方殖民地
色彩屋邨

畢竟香港有着殖民地時期的歷史，
而公屋興建的時間亦涵蓋殖民地
時期，故此部分屋邨有加入一些
別具西方古典特色或現代風格的
設計。在今天重看這些建築設計，
不但不會感到過時，更為那些屋
邨加上一抹歷史色彩，同時能反
映香港是中西文化交匯之地。

地標式鐘樓
與英式紅磚
「小鎮」

4.1 廣源邨

先旨聲明，筆者對廣源邨，這個位於沙田小瀝源，不算特別便利的屋邨確實是有差別待遇的 —— 全因廣源邨是本人最喜愛的公共屋邨，沒有之一。原因很簡單，因為筆者認為廣源邨的建築設計和佈局，實在優美得如英式紅磚小鎮般，着實讓人一見難忘，加上簽名式的地標鐘樓，更令廣源邨變得獨一無二。

有趣的是，只要仔細發掘，可看到廣源邨體現出何謂中西合璧的文化。在英式小鎮的外表背後，你仍可看到四周種滿了香港常見的樹木，還可找到很有「香港味」的遊樂設施，以至一些港式老舊小店等。快來來看看照片吧！不過筆者還是強烈建議，不如盡快坐言起行，親身走到廣源邨感受它別具一格的魅力！

你所不知道的
廣源邨小故事

「沙皇」主理操刀的屋邨

提到公屋的建築師，不少人都會首先聯想到廖本懷先生，但其實人稱「沙皇」的房屋署前助理署長江焯勳先生同樣大有來頭，而廣源邨就是由他操刀主理。當年沙田新市鎮初步發展時，「沙皇」正好負責了沙田區內多達 11 個公共屋邨的項目，除了本文介紹的廣源邨，還有禾輋、沙角、新翠、隆亨等都是出自他的手筆，每個屋邨都有鮮明的個性，讓人印象深刻。

招牌鐘樓的誕生

提到廣源邨，當然不得不提它的招牌鐘樓設計，它簡直是廣源邨

的象徵代表所在。為何當年建築師會有加入鐘樓的意念？原來是為了增強住戶對所住地方的歸屬感。「沙皇」江焯勳昔日接受報紙專訪，訪問中他提及到：「晚上連城門河對岸也能看到這座鐘樓，一望就知邊度係廣源邨」，可見這是經用心設計過的巧思。

坊間少見的分體式商場設計

商場被設計成五座樓高兩層的小型商場，面積達 6,077 平方米，並散佈於屋邨內的不同角落。由於以上設計緣故，廣源商場是沒有冷氣的，但四周都種植了樹木，達到散熱、遮陽和綠化環境的作用。

屋邨大廈名稱均與樹木有關

廣源邨共有六棟大廈,其名字都大有學問,全部以樹名命名,分別為廣楊樓、廣榕樓、廣柏樓、廣棉樓、廣橡樓及廣松樓。更特別的是,只要細心留意大廈英文命名,不難發現廣源邨的大廈是採取意譯法,而非一般的音譯法。例如廣棉樓是 Kapok House、廣楊樓為 Alder House、廣榕樓則為 Banyan House(無錯,著名五星級酒店悅榕莊 Banyan Tree 也以此命名),另外有廣柏樓 Cypress House、廣橡樓 Oak House 和廣松樓 Pine House。

小瀝源路

帝堡城

雅子山莊

廣柏樓

黃泥頭村

小瀝源路

廣善街

廣榕樓

③

④

②

廣揚樓

①

廣樑樓

茂林閣

廣林苑

廣松樓

六大不能錯過的
廣源邨景點
⑤ 遍佈全邨

沙田廣源邨，一處藏於都市叢林的英倫風格綠洲，其紅磚外牆和標誌性的鐘樓都十分搶眼奪目。廣源邨的設計融合了東西方建築美學，既有英國小鎮的溫馨，也不失香港的現代感。漫步於此，可以看到居民在茂密的樹蔭下閒聊，兒童在遊樂場嬉戲，而從各式各樣的小店中則可感受那份日常生活的小確幸。

① 香港屋邨罕見！

英式風情設計鐘樓

擁有鐘樓的屋邨可説是鳳毛麟角，就筆者所知，除廣源邨外，就只有粉嶺嘉福邨設有鐘樓（調景嶺健明邨本亦設有一個，但已停用），可見此設計在屋邨中極為罕有。

廣源邨鐘樓高 26 米，跟商場一樣以紅磚建成。鶴立雞群的它在建築學角度而言，有着作為聚焦點的作用，同時可讓建築與商場、周遭環境等達到更為連貫、和諧、統一的效果。不過更重要的是，鐘樓能成為屋邨地標，讓街坊即使身在遠處，只要看到鐘樓，就如看見自己的家，無形中增強街坊對屋邨的歸屬感。

究竟鐘樓能否讓訪客進內？答案是不可以！起碼筆者幾次到訪廣源邨，都從來無見過它開放予遊人訪客；上網翻查資料，亦暫時不見有人記載上鐘樓的事情。

② 曾獲建築獎項

村落式屋邨商場

廣源邨的商場設計曾獲得香港建築師學會在 1992 年頒發的優異獎，可見它富心思而且雅致的設計備受肯定。當時學會評審有以下的意見：「『填充式建築』是大規模結構之間的一種模型詮釋，其強項在於作為一個介入和活躍的社會節點。這個模型非常巧妙地處理了地形，通過一系列的坡道和階梯過渡，將小而私密的庭院與大規模的公共空間成功地連接在一起。」評審認為，塔樓與建築群之間的界面不如項目其他部分那麼成功，但整個建築群的氛圍因

其濃厚的本地特色而受到讚譽。("A model interpretation of infill architecture between large scale structures, the strength of which lies in its function as an intervening and active social node. There is a very subtle handling of topography with a series of ramped and stepped transitions and these interlink the small intimate courts and the large scale public spaces in a very successful manner." The interface between towers and complex was thought by the jury to be not as successful as the rest of the project, but the overall atmosphere of the complex was hailed for its strong sense of local identity.)

遊走廣源商場時，可仔細留意部分連鎖店的配色用色，也不經不覺地迎合了廣源商場的色調，店舖門口看起來跟一般屋邨商場看到的會有點不一樣，情況就有點像日本京都市內的大街店舖，都有刻意調整商店標誌顏色，以連貫京都市的氣氛，感覺相當有趣。

←‥ 在廣源商場五座
樓高兩層的紅磚
建築間遊走，簡
直就像踏進了歐
陸小鎮之中。

③ 尋找彩蛋之旅！

那些隱藏在屋邨中的鐘樓標誌

既然鐘樓是故意設計成屋邨地標方便街坊識
別，那麼鐘樓的存在當然十分重要。其實在
廣源邨內不同地方，都可以找到隱身的小鐘
樓影子，當中就包括鄰近恒生大學的屋邨入
口，設有以廣源邨鐘樓作設計靈感的屋邨名
牌柱子，相當有心思。至於更多的隱藏鐘樓
標誌，當然就留待大家遊走屋邨時發掘，但
可給你們一個提示：其中一個鐘樓標誌是出
現在樓梯的呢！

→ 細心一看，這個屋
邨名牌外型就是個
小小的鐘樓呢！

④ 童年回憶！

隱世舊式遊樂場

除了筆者主力推介的屋邨商場和鐘樓外，其實整個廣源邨都很值得細味閒逛，當中包括屋邨內一個相當隱秘的舊式遊樂場，你可找到開始生繡的動物搖搖椅，還可找到「熱死辣辣」鐵製滑梯，那可是不少人的童年回憶啊！筆者自己也玩過好幾次，童心即時返晒嚟！不過要留意遊樂場附近都是灌木，在春夏會有不少蚊蟲出沒，記得做好防蚊措施呢。

⑤ 栽種在大廈外

樹木彩蛋小驚喜

連樹都有彩蛋？無錯！前文提到，廣源邨的大廈名稱均以樹木命名，其實那些樹都是香港常見的樹木，而且具有香港特色。但房委會的巧思不止於此，原來他們根據大廈名稱，在大廈外面種植了相應的樹木，當中最為突出的例子，就是廣榕樓，你真的可找到榕樹的蹤影呢！

大家在漫步廣源邨的時候，別忘記留意大廈外面的樹木啊！

遊走廣源邨
小心得

基本上，在廣源邨散步遊走比預期輕鬆。雖然它依山而建，但需要走的斜路不是很多很長，即使有樓梯，大都是很短的樓梯或是電梯，或會有緩緩的斜路代替，不會走得太辛苦。

遊走廣源邨，基本上可由入口開始，先欣賞沿途的行人走廊和大廈名字設計，還有在大廈前種植，與樓名呼應的樹木等等，然後才慢慢走進屋邨商場和中央廣場一帶，欣賞那裏極具英式小鎮風情的建築。但留意，屋邨的蚊患比較嚴重，若你是在夏天遊走廣源邨，記得做足防蚊措施和穿着淺色衫褲，以免成為蚊蟲的美食呢！

廣源邨 (Kwong Yuen Estate)

屋邨類型
房委會租者置其屋計劃
地點
新界沙田小瀝源路 68 號
入伙年份
1989 年
樓宇數目
6
樓宇類型
Y3 型、Y4 型
樓宇名稱
廣楊樓、廣榕樓、廣柏樓、廣棉樓、廣橡樓、廣松樓

建議交通路線

巴士
可乘搭巴士 49X / 82X / 85A / 281A，並在「廣源巴士總站」下車。
小巴
可乘搭專線小巴 804，在廣源邨下車。

色彩繽紛的
簡約實用
屋邨

4.2 彩虹邨

如果說黃大仙區的彩虹邨是繼華富邨和勵德邨後，另一極具代表
性的香港屋邨，相信不會有太多人投反對票。無他，彩虹邨的七
彩繽紛顏色的大廈外牆，已經成為了屋邨的標誌，更吸引了不少
人，包括旅客前來打卡，甚或有不少中外歌手的 MV 和電視廣
告，都以彩虹邨作為背景，可見彩虹邨的魅力已經得到公眾認可。

但你又有否想過，彩虹邨作為懷舊標誌，其建築設計在當時而
言相當前衛？

它既有港式情懷 —— 不少有一定歷史的老店，如辦館、酒樓、鐘錶行等，讓彩虹邨平添點點老舊的香港情懷；但另一方面，若了解到當時的歷史，並細看屋邨中的建築，才發現彩虹邨原來同時極受西方建築設計影響，因而誕生成今日模樣，那不就是典型的港式中西合璧嗎？這正正就是彩虹邨的有趣之處。

隨着房委會於 2023 年底展開重建彩虹邨的研究計劃，意味着彩虹邨不久後也會完成歷史任務，若想重新認識這個「屋邨明星」，就要快點坐言起行了。

你所不知道的
彩虹邨小故事

彩虹邨的前身是耕地？

彩虹邨前身為九龍十三鄉之一的沙地圍，據《華僑日報》報道，從前彩虹邨的所在地其實是木屋區和耕地，「而且大部分地區還是被用作丟棄廢棄物的場所。」直到 1960 年，才被清拆和清理妥當。

大規模屋邨建設

彩虹邨的興建可說是大規模項目，亦備受政府及媒體重視。根據昔日報道，彩虹邨為屋委會興建的第七個屋邨，當時耗資達 5,000 萬興建，更是當時屋委會建屋計劃中最大規模。

香港首個獲建築學會獎的屋邨

彩虹邨榮獲 1965 年香港建築師學會年度最高榮譽「銀牌獎」。

出自國際著名則師行之手

無錯，又是巴馬丹拿（Palmer & Turner，簡稱 P&T）！若有看前文的話，相信都對這家著名建築師行有所認識了，不贅。不過可以補充一點，P&T 前後為屋宇建設委員會及房協設計共六個公共屋邨，而當中有四個都榮獲建築學會獎項，可見它們的建築設計是有多厲害呢！

單位設計採用前衞現代化建築風格

屋邨融入巴浩斯風格（Bauhaus），即是大廈及單位設計強調功能性和透明度，而且線條簡潔，每個單位均設有客飯廳、露台、廚房、洗手間連浴室等，在當時而言是相當優質的居住環境。

比華富邨更早出現小鎮式規劃設計

今日的彩虹邨可能看起來很普通，但至少基本設施配套齊備，例如街市、商店、郵局、遊樂場、學校、社區中心等。其實這些看起來理所當然的東西，在當時而言是十分前衞和完整的規劃。

模範屋邨曾吸引多位政要參觀

彩虹邨的落成，吸引了多位政要，如時任美國副總統尼克遜、瑪嘉烈公主、雅麗珊郡主伉儷和港督麥理浩等前來到訪，其中尼克遜與街坊打羽毛球的相片，更成為了經典。

牛池灣村

清水灣道

坪石邨

五大不能錯過的

彩虹邨景點

④ 為屋邨內的街道

Aikosan 導讀

彩虹邨不但以其七彩繽紛的大廈外觀聞名,更是香港獨特的文化象徵。屋邨設計受到西方現代主義建築風格的影響,特別是巴浩斯風格的簡潔線條和功能主義設計,這顯示了束西方建築美學的完美融合。從建築風格到街坊的日常生活,彩虹邨都展現了香港獨有的中西合璧風格,成為了城市中一塊不可多得的文化拼圖。

招牌彩虹色大廈外牆

這個打卡地點相信也不用筆者多介紹，位於屋邨停車場天台的球場可輕易拍攝到彩虹邨的招牌彩虹色大廈外牆，這個著名的打卡位更吸引了不少歌手 MV 及電視廣告特意前往取景，例如匯豐銀行、SAMSUNG、Nike；還有韓星 Seventeen 及本月少女等。

不過有趣的是，彩虹邨之所以名為彩虹邨，並非因為其七彩大廈牆身顏色，而是由於建築原址沙地園在每逢下雨後，都會出現彩虹的緣故。另外，現時的大廈牆身顏色基調（紫、藍、綠、黃、橙共五種顏色），其實是在 2014 年之後才確立，昔日的彩虹邨，曾被塗上紅、橙、黃、綠、青、藍及紫七種不同顏色，形成逾 20 種不同色彩，同樣極具特色！

「彩虹」購物長廊

除了彩虹色的牆身,彩虹邨還有其他相當吸引人
的地方。於 1960 年代落成的彩虹邨不設屋邨商
場,取而代之的是地下購物長廊,主要集中在金
碧樓地下一帶。大家可在那裏找到不少有着一定
歷史的特色小店,由鐘錶行、文具店、漫畫店、
麵包店、洗衣店、舊式髮廊,以至舊式酒樓、辦
館士多、糧油雜貨店等都一應俱全,足以照顧街
坊的日常生活需要。最後溫馨提示一個小小的彩
蛋:大家遊走這些商店的時候,可特別留意一下
到底有多少間店舖是以「彩虹」命名呢!

→ 彩虹邨的購物長廊中,有很多舊式小店,
充滿懷舊感。

③ 難得保留老舊港式快餐店格局

愛群快餐店

若遊走屋邨期間肚餓了，想找點東西吃吃，筆者相當推薦這家位於
彩虹邨購物長廊內的特色懷舊快餐店 —— 愛群快餐店！這家在屋邨

內多年屹立不倒的街坊快餐店，不論是
裝潢和食物都相當貼地和懷舊，由鮮紅
配搭鮮黃的收銀處與可拆式餐牌，還有
鮮紅圓形座地矮椅，那份充滿懷舊的感
覺猶如走進了昔日的香港處境劇中，有
種相當親切的感覺。

快餐店以售賣招牌雞髀、三文治、熱狗
及碟頭飯為主，價錢大眾化，不少街坊
都對此讚不絕口。想以舌頭感受屋邨好
味道，萬勿錯過啊！

④ 那些別富心思的
屋邨街道名字

為了貫徹彩虹邨的特色，不單大廈外牆還是樓宇名稱都「色彩繽紛」，就連屋邨內的街道名字也暗藏玄機！仔細留意屋邨內的街道名字，不難發現當中隱含了彩虹的不同顏色，例如紅梅路、橙花路、黃菊路、綠柳路、青楊路及紫葳路等，當中就有紅、橙、黃、綠、青及紫六種顏色呢！

⑤ 見證隆重開邨儀式的
屋邨牌匾

畢竟彩虹邨的興建在 1960 年代而言，屬於大規模的屋邨建設項目，故此為了隆重其事，在 1963 年 12 月 18 日，時任港督柏立基爵士親自到彩虹邨主持揭幕，而有關牌匾至今仍矗立在屋邨入口鄰近超級市場的通道，有興趣的話不妨看看。

遊走彩虹邨小心得

遊走彩虹邨的難度不高，唯一要留意的是，彩虹色大廈外牆打卡位畢竟是天台球場，拍照時應注意不要阻礙到居民的日常生活喔！

另外，彩虹邨實際面積也不小，裏面有整整 11 棟人廈，加上其中的公共空間也不少，所以預留更多時間遊走會更好，建議連同拍攝時間約為 1 至 1.5 小時，那就可以更盡情地細嚐屋邨中的韻味。

屋邨資料

彩虹邨 (Choi Hung Estate)

屋邨類型
房委會出租屋邨
地點
九龍牛池灣紫葳路 5-19 號、黃菊路 2 號、綠柳路 2-8 號、青楊路 2、11 號、紅梅路 1-5 號
入伙年份
1962 至 1964 年
樓宇數目
11
樓宇類型
舊長型
樓宇名稱
翠瓊樓、紫薇樓、紅萼樓、金漢樓、錦雲樓、金碧樓、金華樓、綠晶樓、碧海樓、白雪樓、丹鳳樓

建議交通路線

港鐵
港鐵觀塘線彩虹站 C 出口。
巴士
乘坐 3D / 3M / 5 / 26M / 203E / 113 至彩虹巴士總站。

平凡中盡見
中西合璧的
和諧共存

4.3 博康邨

博康邨，位於沙田圍，於 1982 年落成，它是沙田區內較早期
落成的一個公共屋邨。博康邨看起來十分平凡，並沒有甚麼令
人一見難忘的亮點，但事實上，這個平凡的小屋邨內隱含了不
少中西合璧的建築元素在內，憑藉多個設計上的細節，可讓人
眼前一亮。

你所不知道的
博康邨小故事

博康邨的原址村落

據馬鞍山民康促進會網站和網上資料顯示，博康邨的原址是作壆坑村及水田。作壆坑原是位於沙田城門河南岸，沙田圍西南的坳背山山坡地帶，以及其西北面的填海地。「作壆坑」原名「竹壆坑」，因以竹築壆堵塞坑水而得名，該村原址位於現今之博康邨處，全村姓李，早在清朝乾隆年間，他們的祖先從廣東省伍華縣搬至現今大埔船灣淡水湖附近的「烏蛟藤」居住，其後一房搬至「作壆坑」定居，至今已有二百多年。

村民在戰前以種禾為生，兼種蕃薯、粟米等，亦有擔柴及草往九龍城出售；日治時期，全村幾乎被日軍放火燒光，僅餘一間祖屋，但只是日本人留作存放禾草作為餵馬之用。日軍還在四周佈滿地雷，不少村民被炸死，另一些則是活活餓死。

戰後，村民使用鋅鐵及茅草等簡陋材料建屋，直至1950年代末期才改用木材。及後有錢的村民才改用磚來建屋，而且村民都改為從事建築業，亦有小部分從事磨光等小工業。至1970年代末，政府發展新市鎮，將原村搬往村後的坳背山道，村名仍叫「作壆坑」。

博康邨為何名為博康邨

有說在早期建立屋邨時，政府有意將博康邨命名為「壆坑邨」，取地方原名，但由於壆字太生僻的關係，於是取其諧音，名為博康邨，同時取「大量健康」的吉祥意思。

遊走香港屋邨誌

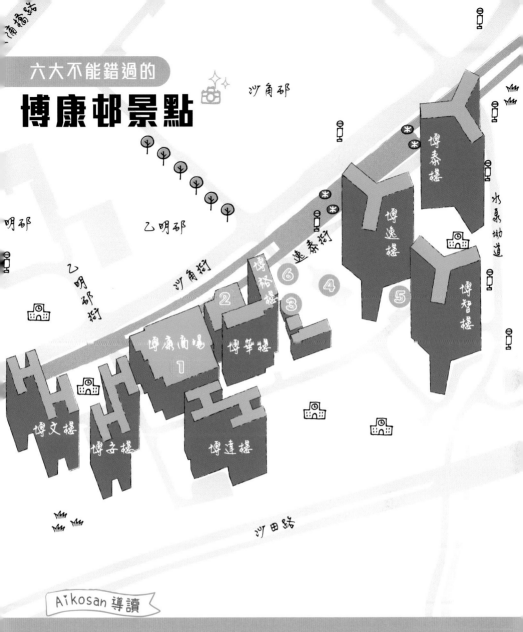

六大不能錯過的
博康邨景點

Aikosan 導讀

自 1982 年落成以來，博康邨的建築和設計就融合了中西元素，從商場歐陸式的拱廊設計到階梯式的停車場，這些細節不僅展示了 1980 年代香港建築的特色，也反映了當時中西文化交流的趨勢。

① 歐陸式風格

商場中庭拱廊

1980 年代的香港公共屋邨，或受到當時歐洲流行的建築風格所影響，故此隱約地可看到有歐陸建築的影子，而博康邨的商場中庭，剛好是一個最佳例子。

由於屋邨商場不設冷氣，故此在通風和採光兩方面，商場中庭的設計顯得特別用心。商場頂部為橫跨中軸線的聚碳酸酯（polycarbonate）拱頂，一大一細地蓋在兩邊商舖頂，如果站在其中一端盡頭，拱頂將帶領你的視線看到左右兩排的商舖井井有條地列隊歡迎你。

博康商場以「拱廊」（arcade）設計為基礎，將其中一邊商舖調高半層，然後在中庭設置樓梯接駁兩邊，如此的「錯層」設計，除了可以減少老人家行樓梯的級數，同時創造了相當有趣的公共空間。此外，錯層式設計可讓商場的視線變得更為開揚，加上擺放了大量長椅分散在中庭，讓街坊除了跟隨商場的走廊前行，亦可選擇坐下休息，一邊享受滲透着的陽光，一邊與街坊互動。

② 層層疊式

設計特色停車場

雖然不如上文的屋邨商場般，設計上有參考歐陸建築風格，但其實位於商場隔壁的停車場，外觀亦相當有趣和特別，其「階梯式設計」配上鮮黃色的外牆，讓整個停車場可用空間增多之餘，同時令設計帶點玩味，由此可見 1980 年代的公屋設計，即使是停車場，亦富有勇於嘗試的態度。

③ 難得保留
真正特色大牌檔

俗稱「冬菇亭」的熟食大牌檔曾經在不少屋邨出現過，如今則買少見少，不是已經拆卸，就是冬菇亭已轉型成不同店舖及用途，還有保留作大牌檔用途的已愈見減少。不過，博康邨的冬菇亭難得仍保留熟食檔的功能，香港味十足，夠晒貼地！這裏仍然可以見到幾個中年大叔在大牌檔飲啤酒、點小菜，然後一起看賽馬直播，這種大牌檔日常畫面現已難得一見了。

④ 絕美池景
隱世水池

之前的篇章有提及過屋邨水景裝飾有何重要 —— 除了可美化環境，更在夏天有散熱功能，可謂一舉兩得。其實在筆者遊走博康邨前，真是沒有想過屋邨內會有景色如此怡人和心曠神怡的水池，而且水池四周種植了不少樹木，從不同角度觀看，都呈現不一樣的美態。此美景亦充分反映了博康邨除了有西式建築，也有中式庭園水景建築，完完全全體現出何謂「中西合璧」；而兩者之間又出奇地富和諧感，與四周環境融為一體。筆者認為它是博康邨商場以外，另一很值得一看的特色位置。

⑤ 猶如走進海底！
藍色圓拱通道

在不少屋邨都有行人通道，本不足為奇，但有趣的是，博康邨的行人通道是採用淺藍色半透明圓拱設計，走進去，令人有種猶如潛入海底般的奇幻感覺，若拍攝角度得宜，其實是一個具有潛力的打卡位！

⑥ 圍繞着大樹
公用椅子景色

在屋邨內設有多張椅子予遊人休息，十分常見，但大部分不是長形椅子，就是在涼亭下的一張張圓石椅。而博康邨的公用椅子是圍繞着一棵大樹下排列，頗為罕見。大樹成為天然的傘子，為座位遮掩陽光，方便街坊在樹下乘涼。筆者坐在樹下，頓時有種昔日榕樹頭下聽着伯伯説故事一樣的感覺。

↑ 這相片完美地演繹了「大樹好遮陰」。

遊走博康邨小心得

遊走博康邨的難度不高，畢竟位於平地，加上毗鄰沙田圍站。唯一要留意的是博康邨有多個出入口，筆者建議若首次來到博康邨，最好從正門出入——即是有個很巨型的鐵牌寫着「博康邨」的位置，而鐵牌背後的風景，正是屋邨內唯一一個水池，旁邊就是特色大牌檔，可一次過觀賞兩個屋邨的特色位置。跟着指示牌走，很快就會找到屋邨商場和停車場，順着這路線打卡拍照，可少走些「冤枉路」。

留意可能邨內有水池有食肆又多大樹，因此蚊蟲等亦較多，故此要是大熱天前往，記緊穿着淺色長袖衫褲和噴蚊怕水；還有拍照的地方以戶外為主，商場也不設冷氣，所以可帶備迷你電風扇。

屋邨資料

博康邨 (Pok Hong Estate)

屋邨類型
房委會租者置其屋計劃
地點
新界沙田沙角街 6 號
入伙年份
1982 年
樓宇數目
8
樓宇類型
雙工字型、舊長型、Y2 型
樓宇名稱
博泰樓、博智樓、博文樓、博安樓、博達樓、博裕樓、博華樓、博逸樓

建議交通路線

港鐵
港鐵屯馬線沙田圍站 B / D 出口。
巴士
乘坐 47X / 80X / 81K / 26M / 287X / 85A / 86A / 89B 至沙角街；或乘搭 249X / 287X / 288 / E42 至博康巴士總站。

穿越中西
的「時光
隧道」

4.4 樂華邨

不少人認識樂華邨，可能是因為它的一個著名打卡位 —— 位
於停車場頂層的藍色「時光隧道」。但對筆者來說，樂華邨的
意義絕對不止於此，因為它是我遊走的第一個香港公共屋邨。

當時選擇遊走樂華邨，原因非常單純而直接，就是想去它的
打卡位置拍照，然後放上社交平台開心一下就是了。說實
在，當時並沒有很強烈的意識要為香港屋邨作記錄。

但在細心發掘後，發現樂華邨除了藍色「時光隧道」，其實還有更多地方值得細味，例如它同時帶有中式味道和西方線條美的空間設計，這種中西合璧的設計特色，別樹一幟！

你準備好跟我一齊遊走樂華邨，來個中西文化融匯的奇妙旅程了嗎？

你所不知道的
樂華邨小故事

樂華邨的前世今生

樂華邨成為公共屋邨之前，其實是有着怎樣的故事？原來樂華邨的前身是一條名為「復華村」的村落。復華村又名福華村，是牛頭角徙置區的主要部分，根據香港浸會大學圖書館庫存網站中介紹道，在 1949 年後，有一批國民黨舊部來到香港，聚居於當時仍很荒蕪的牛頭角一帶，取名復華村，連接該村的道路稱為振華道。至 1978 年，香港政府開始清拆復華村，並興建成今日的樂華邨及樂雅苑。

中式主題揉合幾何圖案設計

樂華邨的佈局設計，其實蘊含了不少心思，可能是因應樂華邨前身富有中華色彩濃厚的背景，或是配合樂華邨四周環山的環境，故此在樂華邨內，不難找到中式拱門、中式圓石桌杌石椅等。佇樂華邨的主要行人通道中，亦能找到模仿中式拱門的設計，其頂部繪有別具特色的幾何設計圖案，為屋邨增添點點時代感。

↑ 融入樂華邨各處的中式拱門設計。

↑ 尤德爵士主持樂華邨揭幕的紀念碑。

尤德爵士親自到場主持開邨儀式

為了隆重其事，在樂華邨開邨的時候，曾舉行開幕儀式，當時更邀請了時任港督尤德爵士主持開幕，相當威水！另外，若大家仔細留意屋邨商場對出的荒廢花槽，就會看到其中一個花槽牆身，鑲嵌着當時尤德爵士主持開幕的紀念碑，實在很有歷史價值呢！

從前邨內有個極靚瀑布水池？

本來筆者也不知道樂華邨內原來是有一個瀑布水池，直到一次翻查樂華邨昔日的屋邨小冊子，才找到相關的圖片佐證，而昔日瀑布水池的位置，就是在商場對出，如今已荒廢的階梯式花槽之上。你可以幻想一下，現時的花槽，原來在以前是有流水，感覺生氣蓬勃，而且聽着流水聲響也相當治癒呢！

五大不能錯過的
樂華邨景點

Aikosan 導讀

樂華邨內的圓石桌和石椅等中式元素，不單增添了文化的韻味，也
使得屋邨的公共空間更加親民和有趣。邨內還有一個由中式庭園啟
發，並結合了現代幾何圖案的獨特設計通道，讓人感受到一種時代
交錯的美感。這些獨特的設計和文化元素，使樂華邨成為了一個探
索和體驗香港地道文化的地方。讓我們一起走進樂華邨，體驗此屋
邨獨有的中西合璧之美。

① 連外國遊客都認識

藍色「時光隧道」

這條藍色「時光隧道」，相信只要你是香港人，就算沒有親眼見過，都曾經在不同社交平台看過！今日已成為樂華邨標誌的藍色時光隧道，位於樂華南邨停車場天台，本來只是一個普通不過的晾衣服位置，但由於它由多個有着圓形中空的長方牆壁構成，配上夢幻的天空淺藍色牆身，就讓這片天地平添了點點不一樣的幾何美感，更吸引了韓國男子組合 GOT7 取景拍攝音樂短片，亦因此而聞名四海，有不少遊客慕名而來呢！

② 隧道旁另一打卡靚位

Y 型大廈

Y 型大廈（又稱三叉型大廈）可算是 1980 年代公屋設計的代表，其三叉型設計樓高超過 30 層，相當容易辨認，而樂華南邨就正好有不少樓宇採用此設計。如果想拍下自己與 Y 型大廈的合照，機會來了！在藍色「時光隧道」的停車場天台樓層，只要再上一層，就可輕鬆拍攝到 Y 型大廈為背景的相片，再調整一下拍攝角度，更可拍到 Y 型大廈的磅薄效果！但記得拍照時要注意安全呢。

⤳ 從樂華巴士總站抬頭一看，就看到很容易辨認的 Y 型大廈。

③ 屋邨籃球場竟有
粉紅色打卡牆

另一個比較少人留意到的樂華邨隱藏打卡點，就是樂華南邨的籃球場 —— 它的牆身被塗成奪目的粉紅色，加上牆中間凹陷圓形及凸出十字的簡約設計，更可為拍照畫面加添線條美。

④ 麵包迷注意！
估你唔到新派麵包店

在屋邨有麵包店幾乎可說是理所當然，但為何會在此特別介紹呢？事關位於樂華商場地下樓層的麵包店「森林麵包」，賣的是平時屋邨麵包店見不到的新派麵包，款式極多之餘，賣相和味道更是筆者認為相當不錯的！價錢更是保持街坊價，可說是 CP 值甚高。故此麵包店從開業以來，就深得街坊和不少年輕人喜愛和捧場，是屋邨界隱世而又實力高強的麵包店！個人尤其推薦它的自家製蝴蝶酥、曲奇餅和麻糬系列麵包，絕對是不可錯過的 instagrammable 兼好味道！

↑ 森林麵包的蝴蝶酥真是很不錯呢！

↑ 除了藍色「時光隧道」，樂華邨的另一個打卡位隱藏於樂華南邨籃球場。球場的這面牆被塗成粉紅色，極之搶眼！

5 展現中西合璧之精髓
樂華邨主要行人通道

最後，要介紹的是筆者認為最能反映樂華邨中西融合美學的位置 —— 位於巴士總站旁邊可通往商場和各棟大廈的行人通道。它看似平平無奇，但其精髓是通道的天花板以及牆身拱門設計。天花板刻意選用了中式庭園常見的顏色，如朱紅、鮮黃、深啡和橙色；而通道中的高牆亦刻意模仿中式庭園常見的拱門形狀，但同時加入現代幾何元素，讓整個通道看起來與別不同，即使用現代的審美觀來看亦不覺得過時。

在樂華邨內亦可找到其他中式特色元素，如商場的中式通花磚、黑色木製涼亭，和行人天橋上的紅色三角形裝飾等，都很有特色，同樣值得細味。

遊走樂華邨
小心得

在樂華邨，值得一看的地方，大部分都是位於戶外，故此建議做好防曬和防蚊措施，那就可以更安心地遊走屋邨和拍照。

另外，樂華邨的藍色「時光隧道」位於停車場天台，與附近多棟住宅大廈距離相常接近，故此到訪和拍照時，切忌大聲喧鬧，以免影響到居民的日常生活呢！

樂華邨 (Lok Wah Estate)

屋邨類型
房委會出租屋邨
地點
牛頭角樂意山振華道 70 號
入伙年份
1982 年及 1985 年
樓宇數目
14
樓宇類型
雙工字型、舊長型、Y1 型
樓宇名稱
勤華樓、立華樓、寧華樓、普華樓、秉華樓、信華樓、達華樓、欣華樓（北邨）；展華樓、輝華樓、喜華樓、敏華樓、安華樓、奐華樓（南邨）

建議交通路線

港鐵
港鐵九龍灣站 A2 出口步行約 15-20 分鐘
巴士
乘坐 2A / 23M / 28 至樂華巴士總站；乘坐 13X / 28B /213X 至振華道。
小巴
乘坐 22A / 22M 至樂華巴士總站。

第五章

香港
小故事的
縮影

香港屋邨的發展，其實亦側面反
映其他有趣的香港故事，例如工
廠大廈活化的歷史、香港漁民歷
史，以至陪伴香港人成長的快餐
店文化，甚至是隱藏了以往的「小
台灣」歷史等等。

石菊樓·低座

碩果僅存
H型工廈變身
都市綠洲

5.1 華廈邨

基於安全理由，一般工廠大廈是不可用作住宅用途。但有否想過，在港島東區柴灣，有一座工廠大廈是合法地可以予人居住，甚至搖身一變成為香港芸芸公共屋邨的其中之一？

說的正是華廈邨，全港首個及目前唯一一個經由工廠大廈改建而成的公共屋邨，整條邨就是只有這座大廈，它的出現可說是近年保育思潮下的產物。今日的華廈邨也許看起來平平無奇，但原來它見證了昔日香港工業的發展，更是現時全港碩果僅存的 H 型工廠大廈。筆者敢說它的重要程度，跟石硤尾邨的美荷樓不相伯仲。那麼，我們就盡快深入華廈邨，看看當中的歷史緣由，以及如何經保育大改造，變成今日的出租屋邨吧！

你所不知道的
華廈邨小故事

昔日工廈出現見證百業興旺

華廈邨的前身，即柴灣工廠邨大廈，於 1959 年落成，屬柴灣區較早期出現的工廠大廈，它的興建亦是當時政府為了處理戰後大量移民所造成的住屋及就業問題而誕生。

事實上，柴灣工廠邨大廈原有多達 378 個工廠單位，當年落成後旋即吸引了各行各業遷入，從華廈邨地下的展示區就可見，柴灣工廠邨大廈由印刷業、玩具製造業、日用品製造業等輕工業為主，為區內市民提供了大量的就業機會，同時反映當年香港工業蓬勃的發展，以及百業興旺的情況。

唯一保留 H 型工廈、二級歷史建築物

由於華廈邨背後的特殊歷史背景及故事，加上它是全港唯一獲保留的 H 型工廠大廈，故此它被古物諮詢委員會評為二級歷史建築物。而根據古物諮詢委員會的網站，二級歷史建築物為「具特別價值而須有選擇性地予以保存的建築物」，可見華廈邨在官方心目中確有值得保留之處。

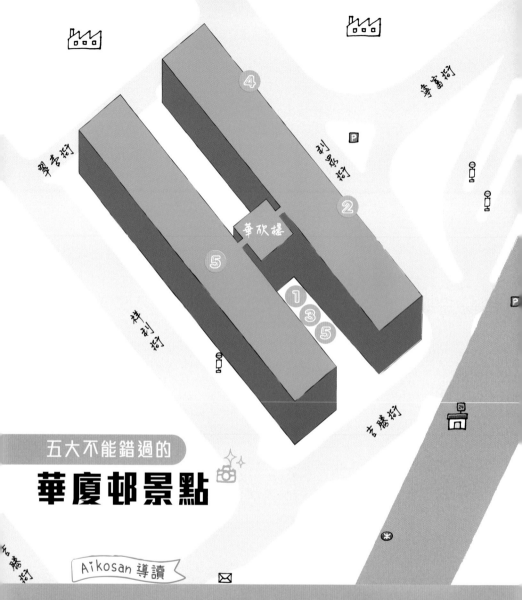

五大不能錯過的
華廈邨景點

Aikosan 導讀

柴灣華廈邨，這個轉型自昔日工廠的公共屋邨，結合了工業與住宅的功能。屋邨內的建築設計保留了原有的工業風格，其中包括獨特的 H 型結構和原廠房的部分外觀。這些元素既展示了建築的歷史價值，也為居民提供了別具一格的生活體驗。來到華廈邨，你可以親身體驗到從工業遺產到現代住宅的轉變，感受這個屋邨如何巧妙地將新舊元素融合，創造出既環保又具有歷史意義的居住空間。

① 難得保留及活化

最後的 H 型工廠大廈

華廈邨除了是現時全港唯一獲保留下來的 H 型工
業大廈，亦是全港首個由工業用建築活化成公共屋
邨的保育項目。為達到保育目的，大廈的外觀和結
構沒有作出太大幅度的改動。在建築師的精心策劃
下，華廈邨保留了約 70% 的原有結構，包括「H」
型建築外觀、由露台及樓板構成的強烈橫向線條外
觀、附設有通花混凝土格棚的斜道及煙囪等，不單
保存了建築原貌，更減少了新建材的使用，和廢棄
物的產生，實行保育之餘同時做到環保，切合近年
環保及可持續建築的新潮流。

② 不要低頭！
一睹「柴灣工廠邨大廈」大字

來到華廈邨鄰近小巴總站的位置，記得不要低頭，抬起頭來！事關華廈邨在改建成公共屋邨時，保留了 70% 原有結構和設計，故此不少昔日華廈邨的工廠設計特色仍得以保留，其中較為標誌性的，莫過於大廈頂層外牆仍有保留「柴灣工廠邨大廈」字樣，可稱得上是時代的證明！看到懷舊味十足的手寫字體，親切感即時油然而生！

③ 華廈邨限定
工廠舊物展示區

為了讓更多人認識柴灣工廠邨大廈，華廈邨地下樓層特意設立了展示區，介紹柴灣工廈的歷史和鄰近地方的資料，並展示清理工廈期間所收集的多件極珍貴藏品，當中包括可移動式印刷機、衣櫃、木製雕刻箱、家具、玩具、日用品公司的招牌等。如果是喜歡看歷史和舊物的朋友，萬勿錯過啊！

④ 打卡一流！

舊式商店鐵閘

華廈邨雖然只有一座大廈，但大廈地下亦設有一些店舖，滿足街坊日常基本所需，例如餐廳和文具店等。值得留意是，店舖所使用的門閘，是舊式通花鐵閘，上面更有鏤空的「柴灣工廠邨大廈」字樣，懷舊味道十足，單是站在鐵閘前拍照打卡，都已經充滿風味！

⑤ 地下中庭公園

感受超過 40% 綠化區

保育改建後的華廈邨，除了成為公共屋邨外，建築物的設計上亦為了呼應現時的大潮流而花了一些心思。若仔細留意的話，相信不難發現華廈邨雖小，但綠化空間倒是不少！例如屋邨中庭花園就有種植不同的灌木，另外只有居民才可進入的頂層天台，其實也增設了花圃，種植了不少植物，除了能綠化環境，更可以緩和熱島效應，相當實用同時富有意義。

遊走華廈邨
小心得

基本上遊走華廈邨可說是沒有難度，首先它的交通相當方便，只有一條馬路之隔就是港鐵柴灣站及小巴總站，其次華廈邨只有一棟大樓，故此參觀連同拍照時間，基本上約半小時就可完成。唯一要注意的是，除了地下的展示區和中央庭園，還有少量商店，邨內其餘的位置均是住宅範圍，所以別為了拍照而刻意走進住宅範圍內，打擾到街坊的生活，為他們帶來困擾啊！

屋邨資料

華廈邨 (Wah Ha Estate)

屋邨類型
房委會出租屋邨
地點
香港柴灣吉勝街 2 號
入伙年份
2016 年
樓宇數目
1
樓宇類型
改建 H 型工廠大廈
樓宇名稱
華欣樓

建議交通路線

港鐵
港鐵港島線柴灣站 B 出口。
小巴
乘坐 16M / 16X / 20M / 43M / 47S / 48M / 86A / 89B 至柴灣站公共交通運輸處。

屋邨與
「邨中廈」
結緣

5.2 荔景邨

1960 至 1970 年代，是香港工業發展的黃金時期。加上當時
香港人口膨脹，政府為了安置更多市民，讓他們有更佳的居住
環境，又同時為他們提供更好、更方便的工作環境，亦絞盡腦
汁，花了不少心思。

荔景邨就是其中一個由此而生的公共屋邨。

論面積荔景邨雖小，但無論是單位設計或是屋邨規劃，都可以看見當時的政府是如何在住屋和就業上以人為本。此外，荔景邨仍保留全港唯一尚在運作的屋邨工廠大廈，可讓我們窺見在剛剛經濟起飛的香港，工業與這個城市唇齒相依的歷史。

你所不知道的
荔景邨小故事

荔景邨本來是廉租屋邨？

珍珠都無咁真！追溯至 1972 年 12 月的《華僑日報》、《工商日報》和《大公報》，三篇早期有關荔景邨的中文報道，都不約而同地指出荔景邨本來是計劃作為廉租屋邨用途。事實上，廉租屋邨主要是針對當時的白領階層而設，故此跟徙置屋邨相比，申請及租住的門檻較高，租金亦較高，相對地廉租屋邨的屋邨及單位環境亦較佳。

只是隨着 1973 年房委會的成立，才將荔景邨的性質，由原本主要租給當時相對較有經濟能力的白領階層的廉租屋邨，變成今日的出租屋邨。

「一開為二」的特色屋邨

荔景邨的地形十分特殊，它位於山上一個被夷為平地之狹長土地，並被葵涌貨櫃碼頭天橋截成兩段，地勢崎嶇，故此屋邨分為南北兩段，北段和南段各有四棟大廈，遊走其中時會經過居屋賢麗苑和港鐵荔景站，感覺有趣。

經常被誤會的地理位置

荔景邨到底是屬於九龍還是新界？剛剛好位於兩者邊界的它，其實是劃入葵青區，即是屬於新界。但荔景邨，以至前文提及過的祖堯邨，被街坊誤會為九龍區域的情況亦時有發生，為何會出現這個有趣的誤會？原來一切都是因電訊公司而起。事關荔景邨一帶過往在未取消電話地區字頭時，是跟九龍區一樣使用「3」的

地區字頭，故此不少街坊的觀念早已根深柢固，在填寫地址時常常把荔景或葵芳等寫成九龍荔景或九龍葵芳。

極著名猛鬼大廈！
轟動全港的姊妹情殺案

若有留意香港奇案或是靈異新聞，相信不會對荔景邨感到陌生。在 1984 年時，樂景樓低層 3 樓曾發生轟動全港一時的情殺案，凶手跟死者有感情糾紛，於是亂刀斬殺其女友、女友妹妹和母親，造成兩死一重傷。更因為情殺案的出現，傳聞被殺的姊妹花陰魂不散，事發單位不時有鬧鬼傳聞。

三大不能錯過的
荔景邨景點

位於葵青區的荔景邨，除了是香港發展史的見證者，還是個充滿活力的社區。此邨以其獨特的「邨中廈」為人所知，這座工廠大廈不僅是荔景邨居民生活的一部分，同時代表了香港工業的興衰。

↑「工場大廈」內仍然有些家庭式工業在運作，默默地守護着荔景邨和香港工業。

1 全港唯一
「邨中廈」屋邨中的工廠大廈

除了荔景邨，其實過往亦有一些屋邨（例如石硤尾邨）曾在屋邨附近設有工廠大廈，方便街坊上班，但座落在屋邨之內，至今仍有運作的工廠大廈，則只有荔景邨的「工場大廈」，只此一家。

從 1972 年《工商日報》的報道可見，政府早已規劃興建工廠大廈在荔景邨內，「以供區內市民從事家庭工業」。

事實上，那些家庭工業至今仍有運作，筆者於 2024 年中到訪荔景邨「工場大廈」時，眼見工業種類比想像中多，如製造業、鋼鐵工程、機器廠等等，而且个少都明顯有着一定的歷史。雖然如今工業在香港已經息微，但他們仍默默守護着荔景邨。

另外，有一個小小的彩蛋：從工場大廈後方觀賞，能把葵涌貨櫃碼頭的美麗景色一覽無遺，尤其在黃昏時段更是「無得輸」，在此誠意推薦！

② 日景樓特色
太陽標誌圖案

荔景邨另一獨有標誌，就是日景樓牆身的巨大太陽圖案，看上去感覺十分治癒之餘，同時呼應了荔景邨的特有「景」色，很是應「景」。據知圖案並非開邨就出現，而是直至 1990 年代，當時房委會翻新外牆，為風景樓、日景樓及樂景樓加上圖案，成為邨內一大特色，如今卻只剩下日景樓仍然保留這個顯眼又有特色的圖案。

③ 保留舊式格局

屋邨平台層街市與店舖

荔景邨是 1970 年代中期落成的屋
邨，故此屋邨中仍有保留不少舊式
屋邨才有的格局。例如屋邨不設商
場，取而代之的是在平台層設置街
市和辦館士多等商店（主要集中在
日景樓和明景樓一帶）。由於荔景
邨的街市並非一般獨立一個的屋邨
街市，而且至今仍由房委會管理，
故此荔景邨街市難得地仍保留着老
舊街市的設計及格局。

↑ 在荔景邨街市漫步閒逛，可以感受到老舊的屋邨情懷。

遊走荔景邨
小心得

荔景邨面積不算大，而且特色景點不如前文的其他屋邨多，故此個人建議，若想遊走荔景一帶的屋邨，可一次過到訪荔景邨、祖堯邨，以及本書中未有機會提及的麗瑤邨，所謂「荔景屋邨三寶」；對比三個屋邨之間的分別，相信可令遊走體驗及感受更為有趣。

另外，要留意荔景邨「工場大廈」不對外開放，大家最多也只能經過門口參觀，但也要避免打擾到工人工作呢！

屋邨資料

荔景邨 (Lai King Estate)

屋邨類型
房委會出租屋邨
地點
新界葵涌荔景山路
入伙年份
1975 年及 2022 年
樓宇數目
8
樓宇類型
舊長型、非標準型（恒景樓）
樓宇名稱
風景樓、樂景樓、明景樓、安景樓、
和景樓、仰景樓、日景樓、恒景樓

建議交通路線

港鐵
港鐵荃灣線或東涌線荔景站。
巴士
乘坐 30 / 32H / 42 / 45 / 46 / 46X /
57M / 61M / 265M / 269M 至荔景山
路站。

5.3 三聖邨

漁民與
海鮮漁港
的風光

香港在尚未開埠前,不過是一個小小的漁港,這一點相信不少港人都略有聽聞。但有否想過,一個公共屋邨,原來它的前世今生都可跟漁民以至漁港扯上關係?

說的是位於屯門的三聖邨,一個早期於屯門新市鎮落成的低調公共屋邨。

若非屯門人或是海鮮迷，你也許沒有聽說過三屋邨的名字。事實上，於 1980 年代落成的三聖邨，看起來像是一個普通得很的公共屋邨，但原來這個屋邨背後承載的，是一段段昔日漁民及漁港的小故事，同時亦訴說着屯門新市鎮在這些年來的變遷。

三聖邨小故事

屯門區較早期落成的屋邨

屯門新市鎮於 1970 年代開始發展，而三聖邨是繼新發邨和大興邨後，另一個較為早期落成的屯門區公共屋邨之一。它於 1980 年落成，與同區的友愛邨及安定邨可說是差不多時間建好，見證着屯門區多年來的發展。

因漁民而建的屋邨

三聖邨的興建，主要是用作安置早年在附近漁船居住的漁民。在屯門未發展成新市鎮前，早就有大量漁民聚集在三聖灣和青山灣一帶，而三聖邨所安置的漁民就是其中一批。

「三聖」指的到底是甚麼？

大家也許會很好奇，到底三聖邨的「三聖」有着怎樣的含意？原來，三聖這個名字確實大有來頭！

三聖邨位於三聖墟，而三聖墟是因附近的三聖廟而得名。此廟就正正位於三聖邨旁的麒麟崗上，奉祀孔子、釋迦牟尼和太上老君，即儒、釋、道的三教領袖，是為「三聖」。

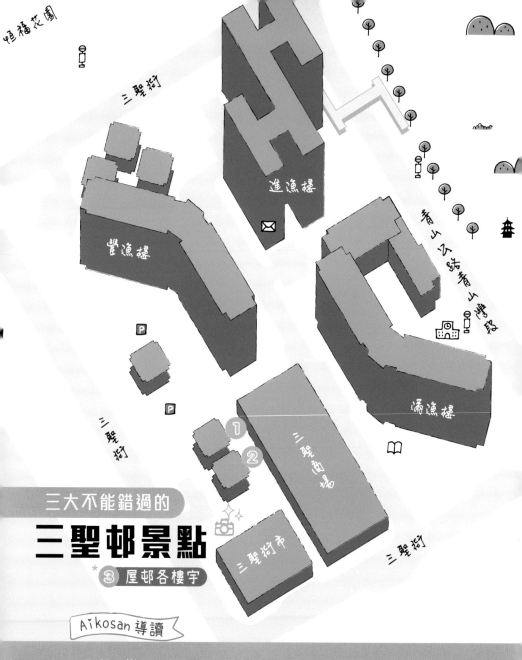

恆福花園

三聖街

進漁樓

豐漁樓

香山公路香山灣站

滿漁樓

三聖街

三聖街市

三聖街市場

① ②

三聖街

三大不能錯過的

三聖邨景點

*③ 屋邨各樓宇

Aikosan導讀

三聖邨可説是一個見證香港漁村文化的公共屋邨，它為屯門地區的居民提供家園，更是海鮮愛好者的天堂。屋邨內及旁邊的青山灣，匯聚了眾多海鮮餐廳，讓人能夠在品嘗新鮮海鮮的同時，感受到這個地區深厚的漁村文化底蘊。

① 政府銳意打造

食海鮮勝地

現時提及到三聖邨，不少人第一時間聯想到的就是邨內以及附近青山灣的著名海鮮美食街。但為何一提及三聖邨，首先想到的會是海鮮美食街呢？原來是當時政府的主意！

鑑於三聖邨的漁港背景，政府早已銳意將尚未落成的三聖邨打造成食海鮮必去的公共屋邨。政府特意在不同細節上強化三聖邨與海鮮之間的連繫，例如早在開邨時，政府特別在屋邨內設置數座熟食亭，所賣的就是在附近捕獲的海鮮；屋邨又設有多間海鮮酒家，務求讓人在提及三聖邨時，第一時間就會聯想到海鮮。

時間證明了，當時政府這個策略相當奏效，讓三聖邨和青山灣成為繼鯉魚門後，另一港人食海鮮的熱門勝地，令屋邨並沒有因為當年發展屯門新市鎮而沉寂下來。即使今日的三聖邨在日間可能有點冷清，但亦不難發現邨內盡是海鮮酒家和小菜館，可見集聚經濟效益所帶來的威力。

② 屋邨獨有！
有多間漁具用品店

由於三聖邨被銳意打造成食海鮮聖地，加上鄰近青山灣這釣魚勝地，故此三聖邨內亦擁有其他屋邨沒有的獨特風景，就是邨內出奇地多漁具用品店！連帶相關的戶外用品店也為數不少，當然這些店舖都是有一定歷史，而非今日大眾熟知的連鎖戶外或釣魚用品店；相信不少都是由三聖邨開邨就屹立至今。

③ 大廈名字
充滿漁民寓意

三聖邨全邨只有三棟大廈，分別為進漁樓、滿漁樓和豐漁樓。細味之下，相信會猜想到，樓宇的名字都與漁業有關，而且有吉利的意味。雖然實際名字由來已不可考，但相信這亦與大部分居民以及三聖一帶的背景有關。

遊走三聖邨小心得

對筆者來説，遊走三聖邨幾乎沒有難度分可言，但若真的要指出它的難度位，相信就是屋邨的位置——畢竟三聖邨並非位於屯門市中心，而且跟市中心有着一定的距離，如果並非住在屯門或是熟悉屯門的話，要從市中心走到三聖邨，可説是相當艱鉅的任務（苦笑）。

故此建議未到訪過三聖邨的朋友，可從屯門市中心轉乘輕鐵 505 號線，直接前往總站三聖站，這是最方便快捷的方法。

另外，海鮮迷要留意，由於不少海鮮餐廳設有「落場」制度，即是午後會休息，直至晚上 6 時後才再開門營業，因此建議最好在下午接近黃昏時間到訪三聖邨，感受屋邨的獨特氣氛，然後趁晚飯時間就在屋邨熟食檔或隔壁青山灣，來個滋味的海鮮盛宴，為遊走屋邨之行畫上完美的句號。

屋邨資料

三聖邨 (Sam Shing Estate)

屋邨類型
房委會租者置其屋計劃
地點
新界屯門三聖街 6 號
入伙年份
1980 年
樓宇數目
3
樓宇類型
雙工字型、舊長型
樓宇名稱
進漁樓、滿漁樓、豐漁樓

建議交通路線

港鐵
乘坐輕鐵 505 號線至三聖站。
巴士
乘坐 61M / 261 至三聖公共交通運輸。

被隱藏的
「小台灣」
歷史

5.4 健明邨

閱讀本書至此，相信大家不難發現，筆者所介紹的屋邨絕大多
數都是有超過 30 年歷史的老牌屋邨。至於當中原因嘛，説實
在，筆者一直以來比較抗拒遊走和書寫近年落成的屋邨，覺得
這些屋邨大廈都是採用穩打穩扎式和諧式設計，而且公園及商
場等設施相當標準化，住得舒適但甚沒個性。

直至一次機緣巧合下，有機會走訪位於調景嶺的健明邨，才發現即使是近代的公屋，只要細心觀察和發掘，其實也可尋找到它獨一無二的歷史故事。至於健明邨當中蘊含的，更是關於調景嶺，這個過往曾被稱為「小台灣」的地方的特殊過去……

你所不知道的
健明邨小故事

屋邨前身為調景嶺平房區

健明邨位於調景嶺，而調景嶺的歷史故事其實相當值得細味。上世紀四五十年代不少國民黨人員逃難至香港，並聚居調景嶺，期盼東山再起；昔日每逢「雙十」，就會出現青天白日紅旗四處飄揚的壯觀畫面。而健明邨的前身，其實就是寮屋區。

本來健明邨並非單純的出租屋邨

健明邨原本是集出租屋邨、可租可買計劃及居者有其屋於一身的綜合發展項目，當時名為「健明苑」，除了健晴閣屬可租可買計劃之外，絕大部分為出租屋邨，其中健采閣則是長者住屋大廈。

但隨着政府在 2002 年宣佈停售居屋，於是房委會就將所有大廈改為公屋出租，因此而變成今日的健明邨。

屋邨設計以「宇宙」為主題

健明邨雖然有着特殊的歷史背景，實際上屋邨並沒有因此而在歷史元素方面着墨，反而房委會選擇以頗有心思的「宇宙」作為屋邨的主題，設計上有不少細節，以至大廈命名等均有加入宇宙元素，十分有趣，亦可見其設計別出心裁，在近代屋邨中實屬難得。

五大不能錯過的
健明邨景點
⑤ 遍佈屋邨各處

明月樓
明日樓
④ 嶺光街
明誠樓
③
明星樓
②
明宙樓
①
明宇樓
健華樓
健暉樓
健晴樓
健曦樓
彩明商場
景嶺路
勤學里
翠嶺路
聚光街
彩明街
都會駅

Aikosan 導讀

健明邨雖是近代公屋，但其背後隱藏了豐富的故事和獨特的歷史。
此外，它以「宇宙」為主題的設計也充滿巧思，無論樓宇名稱和指
示牌都洋溢着星辰大海的浪漫，為居民日常生活增添了一抹詩意。
將軍澳的歷史風華在這裏重新演繹，等着人們到來跟它相遇、相識。

鐘樓「建采樓」

鐘樓名為建采樓，健明邨落成初期，塔頂的計時器於日間每小時會發出音樂，鐘樓更可報告濕度及風向等。至於塔樓的外牆以不銹鋼仿造鋅鐵皮的效果，加上一些不規則的窗戶，原來是想模擬昔日調景嶺平房區的風貌。只可惜鐘樓已經停用，加上鐘樓外並沒有資料解説背後的設計理念及用途，更沒有對外開放參觀，難怪有街坊會覺得這建築物已淪為沒用的擺設。

② 已「乾塘」的水飾園
船形噴水池

在鐘樓的背後，只要走過幾步就能看見一個船形噴水池，它跟鐘樓一樣是筆者認為被浪費了的屋邨地標。船形噴水池在屋邨甚為少見，可見設計上其實花了不少心思，可惜由於管理及安全問題，噴水池的水早已被抽乾，現在看到的就只有報紙等垃圾被丟棄在池中央及旁邊，它就這樣被屋邨及居民冷落了。

另外，據說噴水池是由原調景嶺碼頭四個石躉組成，還有金屬鑲字的牌文介紹調景嶺歷史。不過位置實在極不顯眼，若不細心留意很容易走漏眼（筆者就是其中一個走漏眼的人）。筆者不禁感到可惜，為何如此有歷史價值的文物會如此不被重視和好好保育呢？

↑ 船形噴水池設計其實花了不少心思，只可惜現已廢棄了。

③ 介紹健明邨歷史
九龍皇帝風格字刻

另一可感受到歷史痕跡的地方，就是位於明月樓對出垃圾場旁的牆身，那裏有仿照「九龍皇帝」曾灶財先生書法風格的雕刻，內容寫上「將軍澳女皇昭開拓新天地樂土重現，調景嶺萬歲，健明邨背山面水好環境：廣廈千萬間，寒士盡歡顏。上上下下左左右右千千後後建健明，分開一二台」，相信是在介紹健明邨的歷史，相當有趣！

↑ 仿照「九龍皇帝」曾灶財先生書法風格的雕刻，其實頗具特色。

④ 高達 11 米！
「景嶺春秋」石刻浮雕

健明邨地下位置原來有一幅約 11 米高，名為「景嶺春秋」的石刻浮雕，浮雕將調景嶺的今昔景象呈現，並以金屬鑲嵌了星宿圖像，寓意物換星移；但亦有街坊認為石浮雕內有不同的象徵，其實是一個風水陣。而筆者到訪當日所見，石浮雕位置極為偏僻，位於車路旁，但健明邨的居民大多經過天橋出入而不經車路，令其顯得異常的低調。

→ 高 11 米的石浮雕異常低調，要不是筆者刻意尋訪，相信不少人甚或街坊都會走漏眼。

宇宙星辰主題小彩蛋

撇除調景嶺歷史,其實健明邨本來的設計也令筆者認為頗有心思,例如邨內各樓宇名稱,以及指示牌、旗幟和屋邨指南等公用設施設計皆以宇宙為主題,即使是屋邨內的垃圾桶,都有用上星星形狀,若要進一步將宇宙元素發揚光大的話,相信稱健明邨為「宇宙邨」也實不為過呢!

遊走健明邨
小心得

筆者認為遊走健明邨前，最好先調節自身的心態。因為健明邨是一個較近年落成的屋邨，要是帶着平時觀賞屋邨建築物特色或感受老舊香港情懷的期望，很抱歉，相信在如此現代化的健明邨，應該會讓你感到失望。

但若換個角度，慢慢地散步，仔細地觀察屋邨的一事一物，並用心地遊走整個屋邨，留意，是要整個屋邨，那麼，健明邨背後隱藏的歷史故事將慢慢地在你面前揭開，而且驚喜處處。

所以，在遊走屋邨前，最重要是先調節遊走屋邨的心態，保持好奇心嘗試以腳步和雙眼查找更多細節，説不定會有很多意想不到的發現呢！

全港僅存
的麥當勞
叔叔像

5.5 # 石圍角邨

說到到香港人的集體回憶，相信連鎖快餐店麥當勞算得上是必不可少的一環。由 1975 年麥當勞進駐銅鑼灣以來，就一直陪伴不少香港人成長。但隨着歲月的變遷，麥當勞的店面裝修風格也迎來巨大的轉變。難得地，香港地原來仍有一條屋邨，保留了傳統舊式的麥當勞裝修設計，更因此而吸引了不少人專程前往拍照。

不過，位於荃灣一隅的石圍角邨，除了麥當勞之外，背後還有更多有趣的歷史故事，同樣值得大家從中細味。

你所不知道的
石圍角邨小故事

屋邨前身是工廠及木屋區

位於荃灣山上的石圍角邨，以往有不少人都覺得它是遠離市中心的一個山區地方。那麼，在石圍角邨誕生以前，它到底是怎麼樣的地方？翻開 1979 年 8 月《華僑日報》的一篇報道就可找到端倪。

原來，在石圍角邨出現前，那裏建有不少木屋、小型工廠和農舍，有着濃厚的鄉郊氣息。當時政府為了發展該帶地段成為住宅，就進行過一輪收地行動，據《華僑日報》報道，該地一座戰前建成的教堂，更是獲得政府最大補償。於是，該地由原本的鄉郊地方，搖身一變成為今日的公共屋邨。

屋邨一度被命名為「成安邨」？

事實上，香港有不少屋邨最初跟最終的命名是不一樣的（前文的美林邨就是其中之一），石圍角邨也不例外。由於石圍角邨毗鄰成安谷（即現時的「城門谷」），故此在屋邨尚未正式落成時，曾一度被命名為成安邨。查找相關資料，的確找到在 1975 至 1976 年間，即是石圍角邨落成前四年，《大公報》和《華僑日報》都是用成安邨來稱呼石圍角邨。但隨着後來房委會落實石圍角邨這名字，「成安邨」一名就再也沒有出現在新聞報道中了。

荃灣區內最大屋邨

荃灣區內現有九個公共屋邨，雖然石圍角邨並非區內最早落成的公共屋邨（現存最早落成的荃灣區公共屋邨為福來邨），而且大廈座數也並非最多，但房委會於 2024 年 3 月發佈的《公共租住房屋人口及住戶報告》中顯示，石圍角邨的認可居民數目達到 15,700 人，比同區的梨木樹

（二）邨的 12,000 人還要多；故此，若以單一屋邨的人口計算，石圍角邨可謂荃灣區內最大的公共屋邨了。

英國前首相曾到訪屋邨

不說不知，原來在石圍角邨開邨早期，曾有前英國首相前往探望街坊和家訪。說的是有「鐵娘子」之稱的戴卓爾夫人（Margaret Thatcher），她在任英國首相時曾四次訪港，其中在 1982 年的一次更曾到訪當時新落成不久的石圍角邨，可見石圍角邨是相當備受重視！

順帶一提，除了石圍角邨，戴卓爾夫人更曾到訪過鴨脷洲邨，同樣有跟街坊接觸和探望居民。

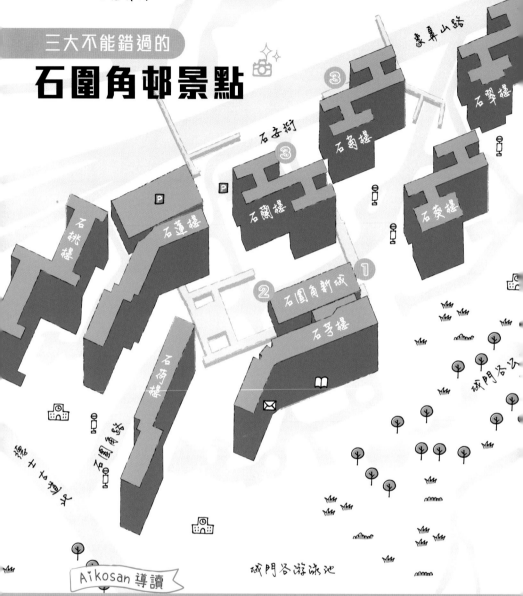

西摟角村

三大不能錯過的
石圍角邨景點

象鼻山路

石翠樓

石菊樓

石安街

③

③

石蘭樓

石蓮樓

石桃樓

石麥樓

①

②

石圍角新城

石荷樓

石孝樓

城門谷公園

Aikosan 導讀

邨內的麥當勞保留了上世紀的裝潢風格，成為了一個時間膠囊，吸引着無數攝影發燒友和歷史愛好者前來朝聖。石圍角邨不僅是快餐文化的活歷史博物館，還是城市轉型的見證者，從工廈、木屋到居民住宅，石圍角邨的轉變承載着舊香港的記憶與新時代的步伐，是連接過去與現在的文化紐帶。

有麥當勞叔叔像的麥當勞

石圍角邨的麥當勞，是筆者非遊走此邨不可的原因。有着深淺啡地磚、麥當勞叔叔像、蘋果樹、漢堡包椅、仿繪舊麥當勞壁畫等懷舊版麥當勞，這些曾經陪伴過自己長大的麥當勞，已隨着年月買少見少，如今石圍角邨更是全港唯一一家仍有保留以上元素的麥當勞餐廳，實在極之珍貴。

事實上，這家獨特的懷舊風麥當勞，在 2023 年時曾面臨清拆危機，但幸好餐廳方面最終從善如流，將其懷舊元素全數保留，更吸引了不少人到場打卡（包括筆者本人）。如果大家想從中尋回兒時回憶的畫面與感覺，記得前來探望麥當勞叔叔呢！

↑ 被不少網民稱為「石圍角邨最後名物」的魚肉燒賣，只能在石芳樓地下的「冠華粥麵」找到，石圍角邨只此一家。

② 石圍角邨最後名物！
魚肉燒賣

除了全港唯一的復古風麥當勞，還有被不少網民稱為「石圍角邨最後名物」的魚肉燒賣，同樣是只此一家。魚肉燒賣位於石芳樓地下的「冠華粥麵」，它是少數地逃過2023年屋邨商場翻新工程的店舖之一，在屋邨內已屹立多年，陪伴不少街坊成長。據稱魚肉燒賣是店員親手包起，至於燒賣餡料和辣油都是店舖自家製，味道可謂獨一無二！燒賣迷記得在遊走石圍角邨時順道試試。

③ 少數擁有「I 型大廈」的屋邨

說到公屋大廈樓型，相信不少人最熟悉的，不外乎是 Y 型和俗稱「井字型」的雙塔式，但其實公屋大廈樓型還有很多種。除了前文有介紹過大興邨的大十字型外，還有出現過很短時間，全港只有 11 個屋邨才有的「I 型大廈」，而石圍角邨的石桃樓就正正是採用這種設計。石圍角邨更是荃灣區內唯一擁有「I 型大廈」的屋邨，大家遊走屋邨時可以多加留意呢！

←-- 石桃樓所採用的「I 型大廈」
設計，全港逾 250 個屋邨裏只
有 11 個才擁有！

遊走石圍角邨小心得

石圍角邨距離荃灣市中心較遠，位
置較為「隔涉」，筆者建議若是從
港鐵荃灣站出發的話，最好轉乘小
巴或巴士前往。另外，從地圖可看
到石圍角邨是呈現長條形的，而且
位於山上，故此地勢較高較斜，所
以遊走石圍角邨前，最好有心理準
備，需要較多體力應付。

石圍角邨 (Shek Wai Kok Estate)

屋邨類型
房委會出租屋邨
地點
荃灣石圍角石圍角路 3 號
入伙年份
1980 至 1982 年
樓宇數目
8
樓宇類型
雙工字型、舊長型、「雙 I 型」
樓宇名稱
石芳樓、石荷樓、石蓮樓、石菊樓、
石蘭樓、石桃樓、石翠樓、石葵樓

建議交通路線

港鐵
港鐵荃灣線荃灣站或大窩口站，步行
約 10 至 20 分鐘。
巴士
乘坐 32 / 32H / 32M / 36 / 40P /
43X/936 至石圍角巴士總站或石圍角
路站。
小巴
乘坐專線小巴 81 / 81M / 82 / 82M /
94 / 312，或紅色公共小巴來往
象山邨 / 石圍角至荃灣海壩街線，並
在石荷樓或石葵樓下車。

著者
aikosan

責任編輯
李欣敏

裝幀設計
鍾啟善

排版
賴艷萍

出版者
萬里機構出版有限公司
香港北角英皇道 499 號北角工業大廈 20 樓
電話：2564 7511　傳真：2565 5539
電郵：info@wanlibk.com
網址：http://www.wanlibk.com
　　　https://www.facebook.com/wanlibk

發行者
香港聯合書刊物流有限公司
香港荃灣德士古道 220-248 號荃灣工業中心 16 樓
電話：2150 2100　傳真：2407 3062
電郵：info@suplogistics.com.hk
網址：http://www.suplogistics.com.hk

承印者
美雅印刷製本有限公司
香港九龍觀塘榮業街 6 號海濱工業大廈 4 樓 A 室

出版日期
二〇二四年七月第一次印刷

規格
16 開（220mm X 150mm）

ISBN 978-962-14-7545-9

遊走
香港屋邨誌